I0566774

BESTACTIVITYBOOKS.COM

PREMIERE ÉDITION

Dépôt légal, 2022

Illustration Graphique Extra: www.freepik.com
Merci à Alekksall, Starline, Pch.vector, Rawpixel.com, Vectorpocket, Dgim-studio, Upklyak, Macrovector, Stockgiu, Pikisuperstar & Freepik.com Designers

5 ASTUCES POUR DÉMARRER !

1) COMMENT RÉSOUDRE LES MOTS MÊLÉS

Les puzzles sont dans un format classique :

- Les mots sont cachés sans espaces, tirets, ...
- Orientation : Les mots peuvent être écrits en avant, en arrière, vers le haut, vers le bas ou en diagonale (ils peuvent être inversés).
- Les mots peuvent se chevaucher ou se croiser.

2) UN APPRENTISSAGE ACTIF

Un espace est prévu à côté de chaque mots pour noter la traduction. Pour favoriser un apprentissage actif un **DICTIONNAIRE** à la fin de cette édition vous permettra de vérifier et étendre vos connaissances. Cherchez et notez les traductions, trouvez-les dans le Puzzle et ajoutez-les à votre vocabulaire !

3) MARQUEZ LES MOTS

Vous pouvez inventer votre propre système de marquage. Peut-être en utilisez-vous déjà un ? Sinon, vous pourriez, par exemple, marquer les mots qui ont été difficiles à trouver d'une croix, ceux que vous avez aimés d'une étoile, les mots nouveaux d'un triangle, les mots rares d'un diamant, etc...

4) STRUCTUREZ VOTRE APPRENTISSAGE

Cette édition vous offre un **CARNET DE NOTES** très pratique à la fin du livre. En vacances ou en voyage ou à la maison, vous pouvez facilement organiser vos nouvelles connaissances sans avoir besoin d'un second bloc-notes !

5) VOUS AVEZ FINI TOUTES LES GRILLES ?

Allez à la section bonus **CHALLENGE FINAL** pour trouver un jeu gratuit à la fin de cette édition !

Simple et Rapide ! Découvrez notre collection de livres d'activités pour votre prochain moment de détente et **d'apprentissage**, à juste un clic de distance !

Trouvez votre prochain défi sur :

BestActivityBooks.com/MonProchainLivre

À vos marques, prêts... Partez !

Saviez-vous qu'il existe environ 7 000 langues différentes dans le monde ? Les mots sont précieux.

Nous aimons les langues et avons travaillé dur pour créer les livres de la plus haute qualité pour vous. Nos ingrédients ?

Une sélection des thématiques d'apprentissage adaptée, trois belles parts de divertissement, puis nous ajoutons une cuillère de mots difficiles et une pincée de mots rares. Nous les servons avec soin et un maximum de plaisir pour vous permettre de résoudre les meilleurs jeux de mots mêlés qui soient et d'apprendre en vous amusant !

Votre avis est essentiel. Vous pouvez participer activement au succès de ce livre en nous laissant un commentaire. Nous aimerions vraiment savoir ce que vous avez préféré dans cette édition !

Voici un lien rapide qui vous mènera à la page d'évaluation de vos commandes :

BestBooksActivity.com/Avis50

Merci pour votre aide et amusez-vous bien !

De la part de toute l'équipe

1 - Adjectifs #2

स	ल	फ	आ	द	प	थ	व	न	ष	ध	व	इ	व	द	ए
इ	◌ु	ख	श	श	स	ग	ए	ब	ड	ख	ठ	द	ए	न	ए
प	म	र	ध	द	◌्	◌ु	श	द	उ	आ	ञ	स	म	ध	ट
ध	◌्	ष	◌ु	भ	च	ब	थ	स	य	ब	ढ	◌ू	ह	स	ख
द	प	र	छ	च	ल	फ	त	◌ू	ब	ज	म	ख	ष	फ	च
फ	◌्	य	◌ा	द	◌ि	र	◌ा	ह	प	उ	◌ं	◌ा	त	ध	व
व	र	क	ष	क	द	प	◌ा	◌्	त	उ	ञ	ग	ञ	घ	◌ि
र	स	◌ी	म	ख	◌ृ	आ	◌ू	श	थ	व	ध	च	ल	भ	श
◌्	◌ि	ट	य	न	प	त	आ	र	स	ह	ह	त	◌ी	◌ी	◌्
ण	द	◌ा	भ	य	ष	ञ	◌ि	व	◌्	र	ग	न	श	ऊ	व
न	◌्	न	च	◌ा	ण	छ	ठ	क	व	ण	ऊ	ञ	◌ा	त	स
◌ा	ध	◌ी	र	द	◌ा	म	◌े	म	◌्	◌ि	ज	उ	त	उ	न
त	व	क	ल	प	ण	घ	स	आ	स	ल	भ	ड	◌ि	ह	◌ी
◌्	ख	म	य	स	ड	व	ञ	न	ग	ल	ष	ट	◌्	ड	य
म	द	न	ग	उ	त	ठ	आ	ढ	प	त	प	ह	क	ष	ल
क	म	त	◌्	◌ा	न	च	र	ञ	घ	उ	थ	ख	श	आ	ऊ

विश्वसनीय
प्रसिद्ध
रचनात्मक
वर्णनात्मक
उपहार दिया
नाटकीय
सुरुचिपूर्ण
गर्व
मजबूत
दिलचस्प
प्राकृतिक
नया
उत्पादक
शक्तिशाली
शुद्ध
जिम्मेदार
स्वस्थ
नमकीन
जंगली
सूखा

2 - Force et Gravité

व	ह	ग	स	◌ा	र	◌्	व	भ	◌ौ	म	◌ि	क	आ	ख	च
ग	न	त	ठ	इ	ढ	द	ल	ण	म	ए	श	त	आ	आ	त
ग	ण	◌ि	फ	ट	फ	क	व	क	व	ज	न	ब	ट	अ	घ
घ	त	द	ब	◌ा	व	◌ी	न	क	ड	ख	च	द	ए	क	भ
म	ख	◌ि	ण	ब	र	र	द	◌्	◌ं	◌े	क	◌ू	ख	◌्	◌ौ
म	ब	इ	श	ख	ख	◌ि	ण	ष	◌्	र	घ	र	◌ो	ष	त
न	ध	ख	म	◌ी	ए	त	त	◌ा	इ	ब	प	◌ी	ज	ष	◌ि
इ	द	न	त	प	ल	◌्	ष	इ	प	◌्	र	भ	◌ा	व	क
य	त	ख	द	ह	◌ो	◌ं	र	◌्	ग	व	ए	च	ठ	ञ	व
ख	फ	फ	व	छ	ट	◌ा	ह	व	ड	ठ	प	◌ु	ञ	त	◌ि
ग	ए	भ	द	◌ि	ढ	य	व	ब	ग	न	ण	◌ं	न	उ	ज
ध	य	आ	ध	स	स	ञ	ऊ	ड	र	◌ु	फ	ब	म	ख	◌्
ब	ड	व	त	न	ढ	◌्	य	प	इ	प	ण	क	उ	इ	ञ
ख	च	ऊ	ठ	ञ	ख	स	त	न	न	घ	ख	त	ग	उ	◌ा
छ	य	र	थ	न	घ	ख	उ	◌ा	ख	ट	य	◌्	फ	त	न
म	फ	प	घ	त	ष	इ	थ	स	र	छ	ग	व	स	म	य

अक्ष
केंद्र
खोज
दूरी
गतिशील
विस्तार
घर्षण
प्रभाव
चुंबकत्व
यांत्रिकी
गति
कक्षा
भौतिक विज्ञान
ग्रहों
वजन
दबाव
गुण
समय
सार्वभौमिक

3 - Adjectifs #1

म	ा	ी	ध	ड	च	क	उ	ऊ	ख	घ	ञ	ई	ल	घ	ब
र	ह	ढ	व	फ	घ	म	ड	न	ध	च	ब	म	द	प	न
ख	ब	त	ऊ	ध	ड	त	उ	छ	घ	स	ष	ा	ढ	स	न
ट	च	त	्	र	ष	्	स	ु	ं	द	र	न	ल	ल	छ
स	घ	इ	ख	व	ण	ा	घ	थ	ल	ढ	ड	द	ड	न	ण
ग	म	ब	ब	ष	ा	ल	त	प	ठ	ब	य	ा	आ	ि	स
ब	ठ	य	र	ि	्	क	स	छ	ए	आ	घ	र	क	र	ञ
व	ध	ष	श	ल	भ	भ	ा	म	ढ	च	स	प	र	प	म
ठ	ह	ढ	त	ढ	द	व	थ	ं	ा	आ	न	त	्	े	ा
उ	त	्	त	म	ण	ि	ह	छ	क	न	ध	ठ	ष	क	स
उ	ण	ण	र	ञ	म	श	उ	द	ल	्	ग	ु	क	्	ू
व	ि	द	े	श	ी	ा	द	थ	ड	द	ष	य	न	ष	म
ण	फ	न	ब	ठ	न	ल	ा	व	द	भ	आ	ी	ठ	ि	ग
ख	न	ए	य	ु	व	ा	र	त	य	ा	भ	ल	द	स	क
म	ह	त	्	व	प	ू	र	्	ण	र	ठ	ढ	छ	ग	ढ
ख	ु	श	ब	ू	द	ा	र	ढ	ञ	ी	ड	र	ठ	ढ	ब

निरपेक्ष
सक्रिय
महत्वाकांक्षी
खुशबूदार
कलात्मक
आकर्षक
सुंदर
विदेशी
विशाल
उदार
ईमानदार
समान
महत्वपूर्ण
मासूम
युवा
धीमा
भारी
पतला
आधुनिक
उत्तम

4 - Échecs

न	◌ि	ष	◌्	क	◌्	र	◌ि	य	ध	ड	ञ	च	ब	श	थ
म	ड	उ	स	उ	न	इ	न	म	ए	फ	ख	छ	ह	ख	इ
प	ड	म	ट	म	ण	श	र	स	उ	ख	य	ट	ण	ष	छ
प	ट	ल	अ	न	र	ट	◌ू	र	◌्	न	◌ा	म	◌े	◌ं	ट
ड	◌्	ञ	इ	◌ं	◌्	च	◌ु	न	◌ौ	त	◌ि	य	◌ो	◌ं	ष
ल	व	र	ध	ल	क	ञ	श	प	ढ	ढ	◌ि	उ	ण	घ	य
ण	घ	ञ	त	ल	◌ि	व	फ	ड	छ	च	म	◌ी	य	छ	ऊ
ध	◌ी	र	◌ो	◌ि	व	च	◌ै	◌ं	प	◌ि	य	न	न	ण	ढ
प	च	ट	ह	ण	य	ए	र	व	स	ल	ध	द	ट	ण	ञ
ण	व	घ	स	ह	ऊ	◌ो	श	ढ	फ	ख	न	◌ा	ग	व	र
छ	फ	श	ऊ	भ	इ	ष	ग	ग	◌े	फ	उ	◌ि	च	प	छ
च	त	◌ु	र	न	व	ब	ढ	◌ि	द	ण	भ	ल	ध	ष	आ
र	◌ा	ज	◌ा	श	श	छ	आ	ठ	त	ब	ल	ब	ढ	ड	ल
र	न	न	ड	न	ख	आ	न	म	ब	◌ा	◌ा	प	म	छ	व
घ	ख	च	श	ठ	◌े	न	◌ि	य	म	र	◌ा	न	◌ी	घ	ग
इ	छ	ड	◌़	◌ी	ल	◌ा	◌ि	ख	ए	ट	क	भ	न	ञ	द

विरोधी
सफेद
चैंपियन
प्रतियोगिता
चुनौतियों
विकर्ण
चतुर
खेल
खिलाड़ी
काला

निष्क्रिय
अंक
रानी
नियम
राजा
बलिदान
रणनीति
समय
टूर्नामेंट

5 - Herboristerie

ड	य	भ	र	छ	ढ	ष	ऊ	ख	स	ब	क	◌ु	ठ	र	◌ा
घ	ट	क	च	च	स	◌ी	ल	◌ु	त	ग	प	◌ा	क	ड	र
व	च	य	य	आ	ह	र	ध	श	ढ	◌ी	ऊ	छ	ड	व	ह
ग	◌ु	ण	व	त	◌्	त	◌ा	ब	घ	च	आ	ठ	ण	◌े	त
अ	य	ल	ह	स	◌ु	न	छ	◌ू	फ	◌ा	आ	इ	उ	◌ं	◌ा
य	ज	ए	स	ख	च	◌ी	त	द	◌ू	ब	थ	म	न	◌ै	र
प	ऊ	व	घ	ए	ढ	◌ौ	र	◌ा	ल	ख	च	र	ट	ल	ग
ऊ	ठ	व	◌ा	उ	च	द	ञ	र	स	◌े	क	ह	फ	घ	◌ो
श	द	त	फ	य	द	व	इ	◌ी	श	उ	ऊ	श	द	इ	न
अ	ज	म	◌ो	द	न	◌ा	ल	क	श	ष	त	ल	ञ	इ	न
आ	ए	ल	ख	य	ण	◌्	द	◌ा	प	घ	ए	ल	म	ब	ए
स	◌ौ	◌ं	फ	त	ऊ	स	इ	भ	◌ु	ट	य	ट	न	ट	ख
द	थ	ढ	आ	ष	ह	श	स	◌ा	द	व	ञ	ठ	श	च	य
श	आ	ल	ष	र	ब	भ	ण	ल	◌ी	व	ग	ण	ड	य	त
उ	भ	स	ख	ए	र	छ	म	भ	न	ण	ग	ऊ	ब	च	ड
ट	ढ	आ	भ	ह	प	उ	ल	फ	◌ा	त	भ	ढ	ष	घ	आ

लहसुन
खुशबूदार
तुलसी
लाभकारी
पाक
तारगोन
सौंफ
फूल
घटक
बगीचा

लैवेंडर
कुठरा
पुदीना
अजमोद
गुणवत्ता
दौनी
केसर
स्वाद
अजवायन
हरा

6 - Véhicules

प	ख	ब	न	श	ष	म	ए	ढ	आ	व	न	म	◌ा	◌ि	व
ठ	न	ग	ञ	थ	व	ख	ण	प	ट	ष	न	◌ो	स	स	र
ल	व	ड	छ	ढ	ट	ड	थ	म	र	च	ल	ट	ष	स	◌ो
र	भ	ब	◌ु	म	ग	त	फ	स	भ	ह	ह	र	◌ा	क	ग
आ	न	स	ख	ब	ट	◌ा	य	र	ष	इ	उ	ध	र	ग	◌ी
श	ञ	भ	भ	त	◌्	म	ट	स	स	◌्	क	◌ू	ट	र	व
ट	क	◌े	◌ॉ	र	आ	ब	द	उ	भ	इ	◌ा	र	क	ण	◌ा
ल	क	◌ि	इ	◌ा	स	भ	◌ी	र	य	ट	◌ौ	ऊ	◌्	व	ह
भ	◌ू	म	◌ि	ग	त	म	◌ा	र	◌्	ग	न	म	र	ट	न
इ	ढ	ञ	ठ	स	द	घ	य	घ	प	न	ब	ह	◌ै	व	न
ल	ए	ठ	ड	द	ञ	प	ख	न	व	ऊ	◌े	ग	◌्	घ	ण
भ	त	व	छ	उ	स	भ	श	प	◌ा	भ	ड	ऊ	ट	प	ण
ब	च	ण	ड	द	च	ढ	ह	आ	न	व	◌़	ह	ल	ख	ध
ए	न	ट	◌ै	क	◌्	स	◌ी	ह	त	व	◌ा	◌ं	र	◌ा	क
घ	भ	ष	ग	श	ण	ऊ	ब	थ	च	थ	भ	ड	थ	ष	ष
ह	◌े	ल	◌ी	क	◌ॉ	प	◌्	ट	र	ब	ध	स	ऊ	ख	ष

रोगी वाहन
विमान
नाव
बस
ट्रक
कारवां
नौका
रॉकेट
हेलीकॉप्टर
भूमिगत मार्ग
मोटर
शटल
टायर
बेड़ा
स्कूटर
पनडुब्बी
टैक्सी
ट्रैक्टर
साइकिल
कार

7 - Camping

स	ख	स	घ	य	फ	ढ	ब	स	ठ	छ	ग	प	भ	स	आ
ल	◌ा	ल	ट	◌े	न	घ	छ	र	न	क	◌्	श	◌ा	म	व
ड	फ	च	उ	म	ण	ग	प	य	उ	घ	भ	उ	न	ञ	ए
श	◌ि	क	◌ा	र	क	र	न	◌ा	ट	छ	स	छ	स	भ	आ
प	त	ञ	न	ण	र	ग	द	फ	फ	त	द	ठ	छ	ध	ड
प	◌ी	◌ो	ट	◌ी	क	ण	उ	प	क	र	ण	आ	ड	च	र
आ	ह	ल	स	फ	स	इ	ह	ग	च	ब	ग	झ	ठ	य	ट
ऊ	ठ	◌ा	झ	◌ू	ल	◌ा	इ	म	स	ह	स	◌ी	◌्	स	र
क	न	ल	ड	प	न	च	न	इ	◌ू	इ	ध	ल	◌ं	ब	न
स	◌े	म	थ	◌़	भ	र	ह	ह	क	ख	ण	घ	श	◌ो	ढ
◌ि	ड	ब	ब	ब	द	◌ो	व	उ	◌्	ढ	ल	ए	फ	च	ड
ह	छ	◌ू	◌ि	घ	आ	◌ं	न	प	◌ि	ऊ	थ	ऊ	श	◌ा	ऊ
◌ा	ञ	◌ं	थ	न	ग	व	ह	न	द	ट	उ	आ	त	◌ँ	ठ
स	ण	त	द	व	व	न	प	◌्	र	क	◌ृ	त	◌ि	द	घ
ऊ	ए	ध	इ	थ	उ	◌ा	र	ब	त	ब	ल	थ	भ	छ	स
छ	आ	स	ब	ख	ठ	ज	श	ष	फ	म	र	ण	ब	इ	ष

जानवरों
साहसिक
दिक्सूचक
केबिन
डोंगी
नक्शा
टोपी
शिकार करना
रस्सी
उपकरण

आग
वन
झूला
कीट
झील
लालटेन
चाँद
पहाड़
प्रकृति
तंबू

8 - Géométrie

व	◌्	य	◌ा	स	न	त	प	ठ	म	य	ञ	स	ख	घ	त
आ	व	ल	स	द	थ	ञ	ऊ	न	ग	ऊ	फ	य	ड	य	◌्
क	◌ो	ण	व	◌ृ	त	◌्	त	◌ं	ड	द	व	ए	◌़	ण	र
ब	ढ	व	स	फ	ट	श	ञ	प	च	प	ब	ढ	◌ा	स	◌ि
उ	र	श	फ	ऊ	आ	त	र	प	ञ	◌ा	म	◌ा	स	त	क
फ	ण	ठ	इ	थ	च	ठ	भ	ए	ठ	ण	ई	प	आ	ह	◌ो
स	म	र	◌ू	प	त	◌ा	अ	न	◌ु	प	◌ा	त	ब	आ	ण
त	त	ष	क	ऊ	द	थ	श	द	ह	आ	ष	प	च	य	छ
त	र	घ	र	◌ी	व	क	◌्	र	थ	य	त	ष	य	◌ा	ब
व	न	◌्	ऊ	स	म	स	◌ि	द	◌्	ध	◌ा	◌ं	त	म	त
ख	ल	छ	क	द	इ	स	य	◌ा	ख	◌्	◌ं	स	म	ध	स
ट	भ	ग	ध	ड	घ	घ	ख	न	ऊ	◌ा	ख	◌ं	ड	ध	ट
स	भ	घ	ऊ	ण	ऊ	ष	आ	ण	ल	म	ञ	ऊ	द	ञ	घ
ठ	ठ	श	ध	व	व	ध	ड	ग	ष	उ	ग	ड	भ	थ	ए
स	म	◌ा	न	◌ा	◌ं	त	र	ह	त	ध	ध	ढ	ग	न	ढ
न	स	फ	ऊ	स	ए	स	श	म	ग	च	म	ऊ	द	श	ठ

कोण
गणना
वृत्त
वक्र
व्यास
आयाम
समीकरण
ऊंचाई
तर्क
मास
माध्य
संख्या
समानांतर
अनुपात
खंड
सतह
समरूपता
सिद्धांत
त्रिकोण
खड़ा

9 - Les Médias

फ	न	ए	ग	स	म	◌ा	च	◌ा	र	प	त	◌्	र	र	त
व	न	ठ	य	◌ा	र	च	◌ा	◌ं	स	छ	ह	उ	य	ऊ	त
ग	ण	क	◌ो	ट	◌ि	ष	◌्	◌ृ	द	द	उ	व	ध	थ	ध
स	◌ा	र	◌्	व	ज	न	◌ि	क	न	य	न	आ	न	ए	ए
र	न	ष	द	फ	य	इ	ल	प	च	इ	ज	च	ह	ख	थ
ध	आ	ओ	उ	न	न	◌ा	ए	त	उ	ठ	व	ण	च	ल	स
फ	स	◌ं	द	प	◌ी	ल	ड	श	घ	श	◌ि	ऊ	त	ध	ड
व	स	क	श	इ	थ	न	ञ	ह	क	त	ल	उ	थ	श	ण
ऊ	क	◌ा	◌ि	च	◌ा	ऑ	ड	त	य	र	◌ी	ल	◌्	ञ	म
थ	ण	र	क	स	◌्	◌ं	स	◌ि	◌ि	ट	◌े	श	य	ठ	प
ड	इ	◌ि	◌्	ऊ	स	फ	र	क	ज	ए	ट	ड	इ	ञ	ध
प	य	◌्	ष	व	न	द	ण	◌्	◌्	◌ि	ञ	ह	◌ि	फ	न
व	ल	त	◌ा	भ	ट	व	थ	य	ण	य	ट	इ	श	य	ब
द	ध	प	च	ग	ब	◌े	ख	◌्	◌ि	फ	ञ	ल	ख	ध	◌ो
ब	◌ौ	द	◌्	ध	◌ि	क	न	व	◌ा	ध	द	व	घ	व	आ
ञ	प	ष	ष	य	ग	र	◌े	◌ं	व	◌ी	◌्	स	त	उ	ट

दृष्टिकोण
वाणिज्यिक
संचार
ऑनलाइन
संस्करण
शिक्षा
तथ्य
व्यक्ति
उद्योग
बौद्धिक
समाचार पत्र
स्थानीय
पत्रिकाओं
डिजिटल
राय
तस्वीरें
सार्वजनिक
रेडियो
नेटवर्क
टेलीविजन

10 - Diplomatie

द	श	घ	फ	र	म	भ	न	◌्	य	◌ा	य	ख	आ	फ	न
न	ण	न	ञ	◌ा	इ	छ	र	च	म	प	ल	ए	ड	ऊ	◌ा
थ	ध	घ	ठ	ज	अ	ख	◌ं	ड	त	◌ा	द	स	ट	थ	ग
स	ल	ञ	छ	न	प	स	◌ं	घ	र	◌्	ष	ल	ञ	र	र
ञ	म	ञ	य	◌ी	म	◌ा	न	व	◌ी	य	◌ा	◌ा	य	ठ	◌ि
स	म	◌ा	ष	त	द	◌ू	ज	◌ा	र	त	क	ह	प	उ	क
ण	◌ं	त	ध	◌ि	ख	च	र	◌्	च	◌ा	◌्	क	ण	ढ	◌ो
द	क	क	ध	◌ा	ठ	न	प	य	ए	ख	र	◌ा	ख	ऊ	◌ं
ए	म	य	ल	स	न	ग	ण	ण	आ	इ	◌ु	र	व	म	ल
च	थ	द	◌ि	◌्	ञ	ट	ग	◌ो	य	ह	स	ध	◌ि	◌ं	स
स	य	◌ा	थ	न	प	द	य	त	भ	त	द	च	द	इ	थ
ह	र	◌ु	आ	ष	ज	त	द	ऊ	ख	ए	ञ	व	◌े	ग	स
फ	ए	म	द	◌ू	त	◌ा	व	◌ा	स	र	प	ल	श	आ	र
य	ढ	स	ड	फ	◌ि	ह	र	ञ	ब	छ	व	य	ड	थ	क
ण	छ	श	थ	न	◌ी	ख	ध	द	ड	उ	ए	द	प	इ	◌ा
ट	ठ	ए	ख	थ	न	ख	ठ	थ	ठ	व	ष	ञ	ढ	ढ	र

दूतावास
राजदूत
नागरिकों
समुदाय
संघर्ष
सलाहकार
सहयोग
राजनयिक
चर्चा
नीति
विदेश
सरकार
मानवीय
अखंडता
न्याय
राजनीति
संकल्प
सुरक्षा
समाधान
संधि

11 - Électricité

ट	◌े	ल	◌ी	व	◌ि	ज	न	ग	उ	य	व	स	ल	म	ण
र	श	स	छ	ए	ह	फ	ढ	ढ	ढ	छ	ओ	क	उ	भ	त
ग	ए	ड	द	य	त	थ	ढ	छ	र	◌ो	◌ं	◌ा	त	ढ	ख
र	भ	म	च	प	ख	भ	च	न	ट	श	त	र	त	च	प
◌ी	ठ	ह	स	◌ॉ	क	◌े	ट	र	द	व	◌ु	◌ा	च	न	प
क	ग	न	ब	म	न	आ	ठ	ल	ञ	त	◌्	त	म	स	श
◌ा	उ	न	क	◌ा	ज	न	ढ	स	म	न	स	◌्	र	भ	य
ल	ल	य	म	त	ख	ग	◌े	इ	ण	स	व	म	घ	ठ	य
◌ी	◌े	ह	त	◌्	ल	छ	भ	ट	ध	ण	त	क	ण	ष	आ
ज	ढ	ज	◌्	र	च	ट	◌ं	ल	व	त	इ	इ	द	र	न
◌ि	थ	ठ	र	◌ा	ट	◌े	ड	थ	छ	र	भ	ब	र	आ	ण
ब	ख	ए	◌ा	ध	उ	ल	◌ा	च	द	◌ी	◌्	र	ल	र	थ
ध	र	ट	◌ा	ड	प	◌ी	र	◌ु	घ	ट	क	क	ढ	◌्	द
ख	फ	र	क	ड	क	फ	ण	◌ं	ग	◌ै	◌े	प	प	ण	ब
श	र	आ	न	छ	र	◌ो	ऊ	ब	ञ	ब	ब	◌ी	ध	स	ष
ब	◌ि	ज	ल	◌ी	ण	न	आ	क	ए	ल	ल	द	म	ट	घ

चुंबक
बल्ब
बैटरी
केबल
बिजली कारीगर
बिजली
उपकरण
तारों
जनक
दीपक
लेजर
नकारात्मक
वस्तुओं
सकारात्मक
सॉकेट
मात्रा
नेटवर्क
भंडारण
टेलीफोन
टेलीविजन

12 - Astronomie

ख	ग	◌ो	ल	व	◌ि	ज	◌्	ञ	◌ा	न	◌ी	थ	उ	ब	ड
इ	च	ख	ह	ठ	य	ऊ	ञ	ण	ऊ	फ	व	ब	ल	◌्	प
ष	ठ	ग	उ	ग	त	ञ	ख	ध	ड	ख	प	ह	ण	र	◌ृ
स	◌ौ	र	इ	प	ट	त	न	ड	ध	ण	प	श	ऊ	ह	थ
त	ष	ए	आ	ठ	ग	◌ा	ग	◌ं	श	◌ा	क	आ	प	◌्	◌्
न	य	ए	ह	र	ग	◌्	र	द	◌्	ष	◌ु	◌्	क	म	व
श	ञ	ग	◌्	र	ह	घ	र	त	◌्	ष	◌्	क	न	◌ा	◌ी
स	व	भ	घ	उ	इ	आ	ड	ह	ण	ञ	र	ट	ढ	◌ं	म
स	स	ष	उ	ख	आ	न	◌ि	ह	◌ा	र	◌ि	क	◌ा	ड	ञ
र	◌ु	उ	भ	छ	क	ए	ऊ	च	ड	य	क	फ	उ	थ	व
◌ॉ	उ	प	व	ल	◌ा	श	◌ा	ध	◌े	व	ख	◌ि	न	ण	◌ि
क	ल	घ	र	स	श	ग	◌्	र	ह	ण	ऊ	छ	◌ि	म	ष
◌े	◌्	प	स	न	व	ण	ल	ऊ	थ	ख	ट	ट	ल	व	◌ु
ट	क	ढ	◌ा	ब	◌ो	ऊ	ए	च	◌ा	◌ॅ	द	ढ	ल	छ	व
उ	◌ा	ड	◌ं	ह	उ	व	श	ध	थ	न	ए	इ	ध	घ	छ
ग	ण	ट	स	ल	ढ	ढ	◌ा	त	न	ञ	त	भ	घ	व	य

क्षुद्रग्रह
खगोल विज्ञानी
आकाश
नक्षत्र
ब्रह्मांड
ग्रहण
विषुव
रॉकेट
आकाशगंगा
चाँद

उल्का
निहारिका
वेधशाला
ग्रह
विकिरण
उपग्रह
सौर
सुपरनोवा
पृथ्वी
संसार

13 - Physique

च	व	श	ख	च	स	इ	न	त	ग	थ	ष	भ	ल	छ	ञ
ऊ	◌ु	छ	भ	ह	◌ू	ढ	घ	◌ा	ए	व	त	द	ठ	उ	भ
प	ब	◌ं	ड	ढ	त	ढ	न	क	भ	इ	थ	इ	ऊ	ढ	इ
इ	ड	थ	ब	स	◌्	ण	त	ज	आ	◌ि	र	छ	ट	प	इ
इ	ञ	आ	ट	क	र	ष	◌्	◌ा	श	ट	क	ण	च	ञ	इ
फ	◌ं	न	ढ	न	त	र	व	र	ढ	थ	न	◌ी	थ	च	ध
ड	इ	ज	ट	◌ि	स	◌्	ष	अ	ग	श	उ	ड	य	य	उ
म	ल	ब	न	य	◌ा	क	व	ठ	ध	ह	श	ध	प	ठ	भ
ट	◌े	ट	थ	स	र	व	स	इ	म	त	ब	ण	म	◌ा	स
व	क	ब	ग	◌ा	◌्	◌ा	य	◌ा	◌ं	त	◌्	र	◌ि	क	◌ी
ख	◌्	इ	ए	◌ा	व	त	ट	ल	व	ऊ	ञ	व	म	आ	ल
ग	ट	ए	व	र	भ	◌्	स	◌ा	प	◌े	क	◌्	ष	त	◌ा
◌ै	◌्	ऊ	ब	ग	◌ौ	र	आ	व	◌ृ	त	◌्	त	◌ि	अ	घ
स	र	क	ण	त	म	◌ु	प	र	म	◌ा	ण	◌ु	ब	ण	स
म	◌ॉ	द	द	◌ि	◌ि	◌ु	श	व	ऊ	भ	न	ढ	त	◌ु	ष
ट	न	न	व	ए	क	ग	उ	घ	ण	ऊ	ण	श	च	र	प

त्वरण
परमाणु
अराजकता
रासायनिक
घनत्व
इलेक्ट्रॉन
सूत्र
आवृत्ति
गैस
गुरुत्वाकर्षण
चुंबकत्व
मास
यांत्रिकी
अणु
इंजन
नाभिकीय
कण
सापेक्षता
सार्वभौमिक
गति

14 - Types de Cheveux

र	◌ा	◌ो	ग	थ	ध	द	ठ	उ	फ	ष	म	म	ढ	इ	ह
स	◌ं	ड	त	उ	व	घ	ञ	म	न	ब	आ	ध	फ	ह	न
◌ू	त	ग	ध	ह	ञ	य	न	उ	ऊ	ख	श	ऊ	च	भ	उ
ध	ग	ए	◌ी	ऊ	ड	ञ	य	य	ऊ	ड	य	स	ष	ञ	ट
श	म	ञ	ऊ	न	ट	ब	ह	ढ	उ	म	च	ख	घ	र	आ
घ	◌ु	◌ं	घ	र	◌ा	ल	◌े	प	ध	आ	र	ह	न	ह	ढ
क	ञ	फ	च	स	◌्	व	स	◌्	थ	ड	भ	व	ब	ञ	ड
र	श	ढ	म	क	न	य	ढ	र	स	ल	ह	र	◌ा	त	◌ी
◌्	भ	प	क	ग	स	फ	◌े	द	◌ू	ए	श	ल	◌ं	प	ल
ल	◌ू	स	द	थ	द	फ	ट	ल	ख	न	प	न	ल	ष	ट
त	र	आ	◌ा	ग	◌ं	ज	◌ा	ल	◌ा	◌ा	क	ख	र	ध	ण
स	◌ा	च	र	ल	ञ	प	◌ो	र	स	ख	स	फ	ऊ	म	आ
च	छ	◌ा	ह	छ	त	ञ	म	व	स	भ	प	घ	श	ऊ	ध
त	फ	◌ॅ	फ	उ	न	प	घ	म	त	ण	म	घ	ब	प	ढ
ष	स	द	ष	उ	ढ	उ	म	म	र	इ	ए	ष	न	य	ण
व	म	◌ी	छ	इ	थ	ट	आ	व	उ	छ	ष	स	ह	ब	ड

चाँदी
सफेद
गोरा
कर्ल
चमकदार
गंजा
रंगीन
कम
नरम
मोटा

घुंघराले
धूसर
लंबा
भूरा
पतला
काला
लहराती
स्वस्थ
सूखा
लट

15 - Archéologie

ट	ञ	ज	◌्	ष	श	◌े	◌ि	व	त	घ	आ	ष	श	छ	म
म	ञ	श	◌ी	य	ऊ	श	च	छ	ष	ध	ठ	थ	ञ	श	त
ल	ल	◌ं	म	व	च	र	ड	च	ऊ	ग	भ	आ	ट	स	ध
श	य	व	न	त	◌ा	न	त	र	◌ा	◌ु	प	ञ	इ	थ	ध
ञ	◌ो	ण	ष	ल	◌े	श	◌्	◌ि	व	र	द	ष	फ	ग	र
ल	◌ं	ध	न	घ	प	घ	◌्	छ	उ	ष	म	ठ	स	ट	द
र	ड	स	क	क	म	ग	ग	म	ट	ञ	फ	श	ग	र	फ
श	◌ि	भ	ह	र	य	भ	◌ु	ल	◌ा	द	◌ि	य	◌ा	द	प
ड	◌्	◌्	र	ञ	◌्	◌ा	य	थ	श	ठ	स	ख	उ	◌ि	◌्
च	ड	य	ग	ऊ	छ	त	◌ं	व	स	◌्	त	◌ु	ओ	◌ं	र
अ	ह	त	फ	र	य	थ	◌ा	ल	अ	व	श	◌े	ष	म	◌ा
न	फ	◌ा	य	म	च	र	ह	स	◌्	य	फ	इ	ल	ष	च
ज	भ	ञ	ठ	क	द	स	र	न	ग	◌ू	फ	ठ	ट	च	◌ी
◌ा	इ	छ	घ	ब	य	◌ा	य	ल	ल	फ	म	च	ड	श	न
न	आ	ष	घ	र	ल	ल	ख	छ	र	ध	◌ी	ऊ	ख	ञ	च
व	प	ग	र	◌े	ट	द	च	छ	व	ध	ट	ट	ब	ऊ	त

विश्लेषण
प्राचीन
साल
पुरातनता
शोधकर्ता
सभ्यता
वंशज
विशेषज्ञ
युग
टीम
मूल्यांकन
जीवाश्म
अनजान
रहस्य
वस्तुओं
हड्डियों
भुला दिया
अवशेष
मंदिर
मकबरे

16 - Mammifères

ख	व	आ	र	ऊ	म	उ	ध	ख	द	ब	त	छ	प	स	म
र	◌ू	ग	◌ा	◌ं	क	म	त	च	ए	उ	आ	य	ए	म	आ
ग	ष	ठ	ब	य	आ	ख	आ	छ	ञ	इ	छ	त	ठ	इ	ण
◌ो	स	य	◌े	ह	स	म	ञ	प	ष	द	इ	उ	आ	आ	उ
श	भ	त	◌़	ख	ड	श	श	ह	ठ	उ	ठ	व	ठ	आ	छ
इ	च	च	ज	छ	प	ब	च	ट	व	ड	ष	स	ब	म	न
भ	ञ	श	इ	श	ठ	घ	ग	उ	ल	◌ॉ	स	थ	◌ी	◌ा	ह
◌े	ऊ	थ	ल	ह	◌े	◌्	व	ह	श	ल	◌ू	◌ा	भ	ज	घ
ड	न	भ	इ	इ	आ	र	य	प	ऊ	◌्	त	म	ख	◌ि	ट
◌़	ल	◌ो	म	ड	◌़	◌ी	द	च	ध	फ	क	क	ख	र	ब
◌ि	◌ी	ऊ	इ	घ	ब	त	ड	◌ं	ह	◌ि	◌ु	◌ो	द	◌ा	ग
य	ल	◌ु	ब	◌ो	ञ	च	ठ	थ	ब	न	त	य	न	फ	त
◌ा	◌्	म	श	ड	◌़	◌े	भ	थ	त	च	◌्	◌ो	छ	◌़	ढ
य	◌ि	र	च	◌़	थ	म	ए	त	न	फ	त	ट	आ	थ	च
उ	ब	इ	ल	◌ा	ल	◌्	र	◌ि	◌ो	ग	◌ा	म	य	ब	ल
इ	म	स	इ	प	ह	ब	उ	ग	ग	ध	य	ल	घ	ग	ठ

व्हेल
बिल्ली
घोड़ा
कुत्ता
कोयोट
डॉल्फिन
हाथी
जिराफ़
गोरिल्ला
कंगारू
खरगोश
शेर
भेड़िया
भेड़
भालू
लोमड़ी
बंदर
बुल
बाघ
ज़ेबरा

17 - Chocolat

ए	प	ड	ग	य	आ	ह	द	ग	प	म	ठ	ध	थ	त	आ
ब	◌ं	म	व	च	ग	श	ग	◌ु	श	ब	फ	ब	ष	उ	ष
स	फ	ट	इ	म	ए	आ	छ	ण	द	ण	त	ऊ	इ	ट	स
ख	◌्	श	◌ी	द	◌े	◌ि	व	व	घ	ए	ए	इ	ष	श	ट
म	इ	व	त	ऑ	म	ट	य	त	व	ग	स	ख	थ	ठ	घ
ष	ण	आ	◌ा	आ	क	ष	र	◌्	म	क	◌ु	ट	◌ी	र	ढ
ध	उ	न	ध	द	◌ो	◌्	फ	त	उ	स	घ	ह	ब	ड	फ
क	ड	◌़	व	◌ा	◌ो	द	स	◌ा	ढ	भ	ट	ग	प	उ	ख
म	ञ	ल	न	ढ	क	◌ि	ड	◌ी	◌ं	◌ै	क	न	श	◌ा	द
ध	आ	य	व	घ	ख	व	ए	स	ड	च	श	ण	म	प	य
ड	च	र	आ	व	आ	◌ा	◌ि	ब	फ	◌े	ष	द	◌ू	द	व
भ	म	◌ि	ठ	◌ा	ई	◌्	च	ध	ध	ठ	◌ं	ख	◌ं	ट	द
आ	प	◌ा	द	व	म	स	◌ी	ग	◌ि	फ	आ	ट	ग	आ	त
उ	म	न	उ	ठ	च	च	न	◌ं	ठ	य	ठ	ड	फ	घ	न
प	◌्	र	◌ि	य	य	उ	◌ी	◌ु	व	ब	भ	ञ	ल	त	ण
क	◌ै	ल	◌ो	र	◌ी	ञ	ऊ	स	ञ	ढ	र	ढ	◌ी	ऊ	च

कड़वा
एंटीऑक्सीडेंट
सुगंध
कुटीर
कैंडी
मूंगफली
कोको
कैलोरी
स्वादिष्ट
मिठाई
विदेशी
प्रिय
स्वाद
घटक
नारियल
पाउडर
गुणवत्ता
विधि
चीनी

18 - Mathématiques

प	स	घ	त	◌्	र	◌ि	क	◌ो	ण	स	ढ	ष	न	स	च
◌्	र	ठ	श	र	द	च	म	भ	ऊ	ढ	छ	ष	य	म	आ
र	श	प	ढ	ष	श	◌ं	अ	व	य	ञ	स	ए	ढ	◌ा	द
त	य	आ	भ	र	म	क	थ	त	ग	च	स	ढ	प	न	ऊ
◌ि	ष	उ	स	इ	ल	◌ो	ष	म	ल	ए	म	श	त	◌ा	ठ
प	च	त	ग	म	व	ण	त	ट	न	ए	ह	श	न	◌ं	आ
◌ा	स	◌ि	च	च	र	भ	य	◌ा	ज	◌्	र	◌ि	◌्	त	श
द	य	म	ध	य	ण	◌ू	ऊ	प	न	ण	ध	त	स	र	फ
क	◌ा	◌ि	◌ी	ढ	ए	ञ	प	भ	ज	ब	ह	◌ु	भ	◌ु	ज
न	◌्	य	व	क	प	फ	प	त	भ	आ	य	त	न	फ	ढ
फ	व	◌ा	र	घ	र	ष	र	ण	◌ा	ण	श	ध	म	ड	श
ब	ख	◌्	थ	य	ल	ण	◌ि	◌ि	◌ि	भ	ड	ट	ऊ	म	ण
न	श	ज	ख	स	ट	ऊ	ध	ग	व	ष	ड	र	न	स	इ
र	ण	व	र	◌्	ग	ए	◌ि	क	य	ह	त	ल	त	स	भ
थ	ट	ध	ल	त	फ	आ	य	◌ं	ए	◌ो	व	ढ	म	ठ	श
स	◌ी	ध	◌ा	भ	य	ध	ख	अ	प	प	ग	र	ञ	ध	घ

कोण
अंकगणित
वर्ग
परिधि
दशमलव
व्यास
विभाजन
प्रतिपादक
समीकरण
अंश

ज्यामिति
समानांतर
सीधा
बहुभुज
त्रिज्या
आयत
योग
समरूपता
त्रिकोण
आयतन

19 - Sport

ल	र	भ	य	◌ो	◌ं	ड	◌ि	◌्	ड	ह	ह	श	ल	न	आ
म	ट	फ	त	ख	ब	च	ह	ल	ध	ऊ	ह	र	उ	य	ठ
क	◌ा	र	◌्	य	क	◌्	र	म	घ	थ	श	◌ी	ण	◌ो	फ
ष	व	ब	◌ृ	न	य	ण	ड	ख	ठ	ग	च	र	च	◌ं	य
ब	ल	छ	न	आ	घ	र	व	घ	प	ढ	ह	ग	आ	श	अ
ब	स	प	ञ	ढ	ट	त	◌ा	म	ष	◌्	क	भ	त	◌ि	ध
ऊ	छ	◌्	स	◌ा	इ	क	◌ि	ल	च	ल	◌ा	न	◌ा	प	◌ि
र	ध	व	व	थ	भ	◌ा	श	त	ल	य	न	ह	ह	◌े	क
ए	घ	फ	व	◌ा	ह	त	ख	न	क	व	ल	र	इ	स	त
ष	य	ख	ऊ	ल	स	भ	ट	ष	◌्	ख	ह	न	उ	◌ं	म
छ	ण	न	छ	त	त	◌्	ट	ह	ष	ए	ट	प	उ	◌ा	भ
ञ	ष	व	आ	र	त	छ	थ	घ	◌्	द	य	न	स	म	श
क	◌ो	च	न	त	इ	र	आ	◌्	य	द	◌ृ	ह	ठ	ध	ब
आ	प	ख	◌े	ल	फ	र	घ	ह	य	च	य	◌ा	प	च	य
ख	◌ि	ल	◌ा	ड	◌़	◌ी	ब	ढ	◌ा	ड	ग	द	र	इ	ड
ण	ऊ	ऊ	छ	प	श	त	ष	थ	थ	र	ए	घ	ब	ण	ठ

खिलाड़ी
क्षमता
हृदय
शरीर
साइकिल चलाना
नृत्य
आहार
सहन
कोच
ताकत
टहलना
अधिकतम
चयापचय
मांसपेशियों
पोषण
लक्ष्य
हड्डियों
कार्यक्रम
स्वास्थ्य
खेल

20 - Mythologie

स	थ	त	त	थ	स	ब	◌ि	ज	ल	◌ी	ञ	ढ	आ	थ	स
◌ो	द	ष	ल	ह	न	ख	ऊ	र	ज	◌ं	त	◌ु	प	उ	ग
◌ं	भ	आ	म	प	भ	न	च	ग	थ	इ	श	आ	द	ष	ऊ
व	इ	◌ू	न	श	◌्	व	र	ञ	न	न	ल	य	◌ा	ध	त
◌ा	◌्	ऊ	ल	आ	घ	ड	त	आ	भ	◌ा	स	उ	ल	इ	ख
श	ख	य	उ	भ	च	म	◌ा	छ	घ	य	प	ब	द	ध	घ
◌्	ण	ञ	व	ञ	◌ु	स	क	ग	र	क	उ	घ	ब	ई	ण
◌ि	ऊ	प	भ	ह	श	ल	त	थ	ष	छ	द	ष	ड	र	ष
व	ञ	ह	ह	ल	◌ा	स	◌ै	न	थ	थ	◌ं	य	द	◌्	स
च	ड	ठ	इ	ट	त	र	◌ं	य	च	म	त	◌ो	ऊ	ष	ढ
न	ल	ड	ख	व	र	घ	ऊ	स	◌ा	उ	क	द	ध	◌्	ढ
ज	◌ा	द	◌ु	ई	म	प	श	ह	◌्	ग	थ	◌्	व	य	न
◌ृ	ष	ध	म	च	अ	ण	ष	ष	ध	क	◌ा	ध	ढ	◌ा	त
स	र	◌ा	क	◌्	ष	स	फ	ढ	ध	स	◌ृ	◌ा	द	ध	ढ
म	◌ू	ल	र	◌ू	प	आ	द	र	◌्	श	ण	त	भ	फ	ग
म	ए	उ	आ	ब	ड	च	द	ल	ड	च	त	स	◌ि	ऊ	न

मूलरूप आदर्श
आपदा
व्यवहार
सृजन
जंतु
विश्वासों
संस्कृति
बिजली
ताकत
योद्धा

नायक
अमरता
ईर्ष्या
भूलभुलैया
दंतकथा
जादुई
राक्षस
नश्वर
गरज
बदला

21 - Restaurant #2

छ	म	स	च	म	◌्	म	च	ऊ	थ	च	च	स	ढ	ध	ठ
ह	छ	म	ब	फ	स	◌ी	र	◌्	◌ु	क	म	घ	ढ	त	आ
ड	ल	स	ष	◌्	न	◌ा	न	ड	व	◌े	इ	श	ल	ग	घ
प	◌ी	स	ट	र	ज	च	ल	ऊ	स	क	ब	ऊ	थ	ध	म
फ	◌े	न	म	ब	भ	◌ि	आ	◌े	ध	ए	इ	ठ	स	ष	च
व	ब	य	ध	ट	◌ो	फ	य	प	ट	श	प	म	अ	ह	व
त	न	◌ा	ख	◌ा	क	◌ा	त	◌ा	र	न	भ	ञ	◌ं	भ	◌े
आ	◌ी	फ	आ	◌ं	◌ा	ण	थ	ष	◌ं	ऊ	ट	न	ड	फ	ट
छ	◌ा	ब	आ	◌ा	र	स	◌ू	प	ग	ड	ञ	म	◌े	ब	र
द	प	म	आ	क	ह	फ	घ	र	य	म	र	क	ढ	द	भ
फ	ष	द	ग	ख	प	ढ	ट	ट	ध	च	ठ	घ	ब	ड	र
ल	द	ड	थ	उ	◌ो	ट	न	ट	व	द	ए	ल	य	ञ	ख
ल	ट	ढ	म	न	द	ड	फ	त	छ	ग	ऊ	उ	घ	ठ	च
स	छ	ड	ख	स	◌ा	ढ	च	य	ख	ट	ट	द	इ	ञ	व
म	च	श	ठ	ए	ल	स	◌्	व	◌ा	द	◌ि	ष	◌्	ट	ए
न	फ	च	ञ	फ	स	ल	◌्	ड	◌ू	न	ख	इ	थ	ष	आ

पेय
कुर्सी
चम्मच
दोपहर का भोजन
स्वादिष्ट
रात का खाना
पानी
मसाले
कांटा
फल
केक
बर्फ
सब्जियां
नूडल्स
अंडे
मछली
सलाद
नमक
वेटर
सूप

22 - Beauté

ण	घ	ष	य	भ	स	ध	क	स	घ	र	ढ	न	क	ट	स
छ	ड	ड	ह	ल	◌े	त	◌ै	द	र	◌्	प	ण	◌ृ	फ	◌ु
ञ	व	त	इ	य	व	व	◌ं	ट	ण	उ	ग	च	प	फ	र
ट	त	छ	ध	म	◌ा	ढ	च	ह	त	र	य	ल	◌ा	र	◌ु
ल	ठ	र	ठ	च	ह	द	◌ी	ग	ह	र	ए	◌ि	स	फ	च
ख	ष	ढ	क	न	◌ि	ज	◌े	ट	◌ो	◌ो	फ	प	◌्	ट	◌ि
य	ण	छ	त	ढ	क	क	व	ध	य	म	ठ	स	ट	आ	प
प	◌ू	म	◌्	◌ै	श	◌ा	न	र	ण	न	ड	◌्	◌ा	द	◌ू
अ	आ	ब	व	छ	आ	थ	ज	◌ा	◌ं	ठ	आ	ट	इ	घ	र
क	न	ल	च	ण	म	उ	ब	ल	ध	ग	क	◌ि	ल	ल	◌्
◌े	ढ	उ	◌ा	आ	स	ब	ञ	◌्	न	ण	र	क	◌ि	◌ा	ण
म	आ	द	ट	व	ण	फ	ट	र	म	ष	◌्	म	स	ल	थ
ग	फ	ख	र	ठ	ठ	ष	ब	क	ल	फ	ष	स	◌्	◌ि	प
उ	त	◌्	प	◌ा	द	◌ो	◌ं	प	आ	ट	ण	स	ट	त	ड
ख	◌ु	श	ब	◌ू	ग	ध	ष	ड	म	भ	ठ	थ	म	◌्	भ
ध	च	थ	ए	ग	ग	घ	ख	ह	ल	फ	ष	भ	उ	य	ब

कले
आकर्षण
कैंची
रंग
लालित्य
सुरुचिपूर्ण
कृपा
तेल
चिकना
मेकअप
काजल
दर्पण
खुशबू
त्वचा
फोटोजेनिक
उत्पादों
लिपस्टिक
सेवा
शैम्पू
स्टाइलिस्ट

23 - Avions

छ	म	द	स	ह	न	ज	◌ं	इ	य	उ	य	च	आ	छ	ष
ड	ख	थ	ण	ऊ	इ	◌े	व	क	इ	छ	◌ा	क	◌्	र	◌ू
च	ई	म	ऊ	त	थ	व	व	स	ए	उ	त	प	म	◌ा	व
घ	च	ध	च	च	स	ह	◌ा	◌ि	त	इ	◌्	◌ा	ऊ	ब	◌ा
व	◌ा	य	◌ु	म	◌ं	ड	ल	ह	ग	ण	र	य	आ	◌ा	य
प	◌ं	ह	अ	म	ल	ण	ग	◌ा	श	◌े	◌ी	ल	क	ब	◌ु
थ	ऊ	म	◌ा	व	र	म	य	स	ठ	उ	ट	ट	◌ा	◌्	च
द	◌ि	श	◌ा	इ	त	◌ा	ड	◌ि	ज	◌ा	इ	न	श	◌ु	द
ई	◌ं	ध	न	ञ	ड	र	त	फ	ञ	च	न	घ	◌ं	ग	र
श	ख	ण	ब	ख	ञ	◌्	ण	ञ	ष	श	द	ठ	व	द	ड
य	इ	द	व	श	द	◌ि	र	ञ	ध	ह	ल	र	घ	य	अ
ष	न	च	ड	ञ	त	न	ध	◌ो	ढ	त	भ	य	द	ठ	श
ए	म	य	व	श	घ	उ	य	फ	ज	प	व	ए	थ	उ	◌ा
ठ	त	ण	च	आ	ढ	व	न	ष	ब	न	न	द	घ	य	◌ं
द	प	ठ	ध	ह	ख	फ	इ	इ	ख	घ	श	ध	ग	ल	त
घ	ल	ल	ध	ट	च	फ	च	ह	भ	थ	भ	उ	ह	ए	◌ि

वायु
वायुमंडल
अवतरण
साहसिक
गुब्बारा
ईंधन
आकाश
निर्माण
वंश
डिजाइन
दिशा
क्रू
ऊंचाई
इतिहास
हाइड्रोजन
इंजन
नेविगेट
यात्री
पायलट
अशांति

24 - Aventure

स	अ	स	◌ा	म	◌ा	न	◌्	य	ख	आ	आ	फ	ब	घ	इ
ढ	◌ु	ढ	ऊ	व	उ	ब	द	◌ो	क	त	ड	न	ठ	र	उ
ए	त	◌ं	श	ण	प	ए	◌ो	◌ं	ठ	द	र	स	व	अ	त
द	ब	स	द	म	ह	ट	स	त	◌ि	घ	◌ी	न	भ	घ	य
म	◌ौ	क	◌ा	र	घ	च	◌्	◌ि	न	न	य	ड	◌ा	ल	आ
प	ल	भ	व	◌्	त	छ	त	न	◌ा	ञ	◌ा	ग	थ	क	व
थ	न	ग	म	भ	ष	◌ा	◌ो	◌ौ	ई	ल	◌ै	आ	ढ	न	◌ी
प	व	स	ध	द	ञ	प	◌ं	◌ु	ग	ध	त	श	ड	च	र
◌्	य	◌ा	त	◌्	र	◌ा	थ	च	ध	म	प	ऊ	स	त	त
र	न	य	◌ा	ह	श	घ	ह	ह	य	व	◌्	त	◌ं	ग	◌ा
द	ट	ब	ह	त	आ	च	स	र	स	च	र	ह	ढ	न	ल
र	र	ण	आ	ड	आ	ल	◌ा	न	◌्	ल	क	उ	उ	ट	उ
◌्	ड	भ	ऊ	त	ढ	उ	◌्	ढ	च	ष	◌ृ	भ	इ	ष	ल
श	फ	ख	प	ड	प	घ	त	ण	ब	त	त	इ	ए	ब	प
न	ह	छ	श	ध	स	भ	उ	ध	◌ि	व	◌ि	◌ि	त	ग	फ
स	◌ु	र	क	◌्	ष	◌ा	ल	घ	ए	भ	म	आ	ढ	घ	ग

गतिविधि
दोस्तों
सुंदरता
वीरता
मौका
खतरनाक
गंतव्य
चुनौतियों
कठिनाई
उत्साह
भ्रमण
असामान्य
हर्ष
प्रकृति
पथ प्रदर्शन
नया
अवसर
तैयारी
सुरक्षा
यात्रा

25 - Ville

व	ष	आ	ड	थ	न	थ	य	उ	ह	स	ब	स	य	द	ध
स	◌ि	प	◌ा	फ	ण	स	उ	य	द	◌्	व	◌्	इ	ग	प
◌ु	च	श	ड	स	◌ि	न	◌े	म	◌ा	क	ण	ट	न	द	इ
प	◌ि	न	◌्	र	न	ट	त	छ	ऊ	◌ू	ब	◌े	म	ए	य
र	ड	ए	अ	व	ट	क	ह	ढ	श	ल	ष	ड	श	ठ	म
म	◌़	फ	ई	ध	व	न	ग	द	थ	ष	ञ	◌ि	ब	ऊ	श
◌ा	◌ि	◌ा	◌ा	श	उ	◌ि	न	ध	ञ	◌ि	य	य	◌ै	उ	प
र	य	र	व	द	य	ल	द	म	ध	ब	ए	म	◌ं	स	◌ु
◌्	◌ा	◌्	ह	य	ध	◌ि	द	◌्	उ	श	ब	ट	क	ब	स
क	घ	म	न	ह	व	◌्	स	ढ	य	छ	श	न	र	◌ा	◌्
◌े	र	◌े	स	र	◌ी	क	◌े	ब	फ	◌ा	न	ढ	◌ी	ज	त
ट	ख	स	ट	◌ै	व	ध	ढ	ष	व	भ	ल	य	ल	◌ा	क
द	ल	◌ी	आ	त	ल	च	त	स	ठ	न	ठ	य	◌ै	र	◌ा
ञ	ट	द	भ	छ	द	◌ू	ष	ण	च	त	आ	इ	ग	ढ	ल
भ	◌ो	ज	न	◌ा	ल	य	न	फ	◌ू	ल	व	◌ा	ल	◌ा	य
र	ह	स	◌ं	ग	◌्	र	ह	◌ा	ल	य	ड	ट	ष	घ	ण

हवाई अड्डा
बैंक
पुस्तकालय
बेकरी
सिनेमा
क्लिनिक
स्कूल
फूलवाला
गैलरी
होटल
बाजार
संग्रहालय
फार्मेसी
भोजनालय
सैलून
स्टेडियम
सुपरमार्केट
थिएटर
विश्वविद्यालय
चिड़ियाघर

26 - Ingénierie

द	ध	ग	म	ख	ख	च	ख	ए	ठ	भ	आ	ग	भ	ण	ढ
ध	ञ	ट	◌ि	इ	ठ	च	त	ऊ	घ	ए	ठ	र	ब	ऊ	ष
भ	ए	ध	य	य	ल	न	◌ा	च	र	◌ं	स	य	घ	ग	उ
ठ	घ	ण	उ	द	र	ए	क	ऊ	ल	आ	ब	ब	घ	त	ध
ट	ग	म	घ	श	त	◌्	त	म	◌ो	ट	र	ग	ह	च	प
फ	ट	◌ा	ष	द	ल	व	स	थ	द	ढ	छ	ए	आ	य	ड
ब	आ	र	◌े	ख	ञ	प	श	ञ	ष	ढ	श	य	स	◌ा	स
थ	ढ	◌्	व	व	द	थ	च	प	◌्	र	ण	◌ो	द	न	त
य	म	◌ि	◌ि	◌्	ष	ज	ई	प	क	म	ह	◌ो	ऊ	ण	ञ
उ	थ	न	त	य	ट	म	◌ा	प	अ	ध	घ	व	क	ग	थ
ख	उ	ल	र	◌ा	द	घ	र	◌्	ऊ	इ	म	ह	ढ	ग	ल
ढ	ध	ढ	ण	स	फ	फ	ह	ञ	र	च	श	आ	त	ढ	ठ
स	◌्	थ	◌ि	र	त	◌ा	ग	ग	घ	ऊ	◌ी	ऊ	त	प	आ
ध	श	न	ह	आ	ण	छ	थ	ट	य	छ	न	व	इ	ष	ड
श	व	थ	ठ	प	र	श	ट	ठ	ड	◌ी	ज	ल	च	ग	च
आ	उ	श	फ	भ	आ	व	ख	ट	भ	स	ग	ल	◌ी	व	र

कोण
अक्ष
गणना
निर्माण
आरेख
व्यास
डीजल
वितरण
गियर्स
ऊर्जा
ताकत
लीवर
तरल
मशीन
माप
मोटर
गहराई
प्रणोदन
स्थिरता
संरचना

27 - Énergie

ण	आ	प	ट	ह	ध	ढ	इ	म	इ	छ	ट	भ	श	इ	न
घ	भ	◌्	थ	◌ा	व	ह	न	ऊ	आ	ढ	च	उ	फ	द	ह
ऊ	द	र	द	इ	छ	स	द	र	भ	फ	फ	श	उ	च	ई
र	य	द	आ	ड	ब	ऊ	म	द	न	इ	◌ा	ब	र	ट	◌ं
थ	ट	◌ू	ड	◌्	र	ट	ड	थ	ब	छ	उ	द	ठ	ष	ध
फ	व	ष	ण	र	व	य	◌ा	◌्	र	प	ष	ण	र	ग	न
स	ट	ण	र	◌ो	थ	र	ढ	च	◌्	ट	ख	र	उ	ञ	भ
ल	ग	ष	ण	ज	म	◌्	ञ	ढ	◌ा	स	◌ो	य	त	प	ध
द	ढ	उ	व	न	व	◌ू	इ	आ	क	ड	र	म	◌्	छ	ढ
ख	ब	◌ि	ज	ल	◌ी	स	ग	अ	क	◌्	ष	य	क	ब	म
ञ	उ	द	◌्	य	◌ो	ग	र	◌ी	ट	◌े	ब	क	◌्	प	ग
स	न	र	◌ॉ	ट	◌्	क	◌्	◌े	ल	इ	ठ	◌ी	र	उ	र
र	ट	ध	च	उ	ष	ध	म	ख	आ	छ	व	भ	म	प	भ
थ	◌ा	र	इ	ख	ल	ज	◌ी	ड	भ	फ	ह	◌ि	म	ठ	त
घ	◌ा	ग	◌ै	स	◌ो	ल	◌ी	न	प	फ	फ	◌ा	◌ा	म	द
ट	फ	ढ	ढ	ञ	द	ढ	ऊ	प	ह	ब	प	न	प	ट	आ

बैटरी
कार्बन
ईंधन
गर्मी
डीजल
उत्क्रम-माप
पर्यावरण
गैसोलीन
बिजली
इलेक्ट्रॉन
हाइड्रोजन
उद्योग
मोटर
नाभिकीय
फोटोन
प्रदूषण
अक्षय
सूर्य
टरबाइन
हवा

28 - Corps Humain

ट	त	ट	ठ	ठ	इ	घ	म	म	ग	र	◌्	द	न	श	ड
ष	◌्	र	ख	त	ख	◌ु	ष	◌ु	घ	आ	फ	थ	◌ी	न	ए
र	व	स	इ	न	इ	ट	न	◌ँ	ए	घ	फ	ब	ह	ल	ल
न	च	र	ऊ	य	◌े	न	◌ा	ह	प	व	ह	इ	◌ो	व	प
न	◌ा	क	◌ि	ड	श	◌ा	क	न	◌े	ठ	त	र	क	द	ब
ध	◌़	◌्	उ	स	आ	ण	व	र	ट	ऊ	ठ	उ	व	थ	ह
आ	ड	त	ऊ	ग	ड	ण	ड	ऊ	द	न	स	◌ं	प	ल	ह
र	ब	द	ग	न	ष	ठ	◌ा	ड	◌़	◌ी	ठ	ग	इ	म	◌ो
आ	ज	ह	म	र	च	छ	ष	घ	थ	छ	ध	ल	व	ञ	◌ं
द	ञ	स	◌ा	ड	◌े	ख	य	ध	न	छ	ष	◌ी	ध	ढ	ठ
ट	घ	द	◌ि	ल	ह	उ	द	ख	च	घ	य	व	र	भ	म
ञ	ख	द	द	म	र	ट	थ	इ	घ	ख	न	ड	प	ह	ग
व	भ	स	स	म	◌ा	ह	द	थ	ठ	आ	त	ट	छ	ल	च
इ	ए	प	ल	य	ड	ह	ग	थ	घ	थ	ह	त	च	ल	व
उ	श	ञ	ख	ल	त	ध	◌ा	◌ं	क	ष	छ	ठ	च	ष	व
आ	थ	च	ञ	ब	द	आ	ष	थ	ट	ष	र	ड	ठ	त	ए

मुँह
दिमाग
टख़ने
गर्दन
कोहनी
दिल
उंगली
पेट
कंधा
घुटना
होंठ
हाथ
जबड़ा
ठोड़ी
नाक
कान
त्वचा
रक्त
सिर
चेहरा

29 - Biologie

उ	ब	प	◌्	र	◌ा	क	◌ृ	त	◌ि	क	च	भ	आ	ध	ञ
घ	त	स	य	न	ज	ल	◌े	◌ो	क	ब	घ	◌्	स	ए	ए
द	ख	◌्	◌ी	◌ा	स	ष	इ	व	भ	इ	ठ	र	◌ि	◌ं	ह
र	उ	थ	प	च	द	ए	ध	स	ब	ब	ऊ	◌ू	म	ज	◌ा
ट	न	य	◌ा	र	◌ि	ट	◌ी	क	◌्	◌ै	ब	ण	◌्	◌ा	र
इ	ढ	ग	न	र	◌ि	श	◌्	व	स	न	छ	आ	ब	इ	◌्
ल	ए	छ	त	◌ी	ञ	व	श	ष	म	छ	थ	ऊ	◌ा	म	म
ह	ख	ए	◌्	र	च	छ	र	ष	स	ठ	प	ए	य	ण	◌ो
उ	आ	उ	स	श	इ	ञ	न	◌्	अ	ट	◌्	श	◌ो	र	न
ग	◌ु	ण	स	◌ू	त	◌्	र	द	त	द	र	उ	स	भ	घ
व	◌ि	क	◌ा	स	न	ढ	◌ॉ	ट	ध	न	◌ो	थ	◌ि	ठ	म
ठ	घ	ञ	ख	आ	स	ऊ	य	ह	ल	ह	ट	न	स	द	फ
प	ण	ठ	ट	घ	ठ	द	◌ू	ए	ध	स	◌ी	र	न	थ	ल
र	उ	घ	आ	र	ह	ठ	◌्	फ	व	ए	न	उ	ड	ड	ष
छ	ध	ण	ऊ	ञ	ए	श	न	त	ञ	श	ब	न	य	ए	र
न	इ	ष	ह	छ	ण	घ	प	प	स	◌ृ	◌ी	र	स	◌े	ल

शरीर रचना
बैक्टीरिया
सेल
गुणसूत्र
कोलेजन
भ्रूण
एंजाइम
विकास
हार्मोन
स्तनपायी
उत्परिवर्तन
प्राकृतिक
नस
न्यूरॉन
असमस
प्रोटीन
सरीसृप
श्वसन
सिम्बायोसिस

30 - Épices

इ	म	फ	च	ष	स	छ	ण	द	य	त	ऊ	प	य	त	ल
ऊ	भ	फ	इ	ग	ौ	ऊ	ट	य	ञ	उ	त	ल	भ	ग	न
ख	व	ड	ल	उ	ं	श	य	ष	ड	उ	ठ	भ	च	ढ	क
ऊ	ल	प	द	थ	फ	थ	इ	ए	इ	य	ह	प	ठ	आ	ड
द	इ	न	ऊ	ब	र	फ	थ	च	ल	श	घ	क	म	न	़
फ	त	छ	ऊ	र	र	व	ण	ग	ह	इ	इ	ए	े	ड	व
द	ह	य	उ	स	श	ब	भ	च	ख	ब	ए	ट	व	स	ा
त	क	व	न	ी	ल	ा	व	द	ख	ट	्	ट	ा	ए	र
र	र	ज	ल	त	ट	स	ब	व	उ	च	य	ट	व	आ	ञ
न	द	्	य	प	ा	न	द	ा	ल	च	ी	न	ी	ग	ह
ु	अ	ग	ा	ा	प	ढ	ी	्	च	ी	ज	ा	य	फ	ल
स	ग	द	ि	ह	्	ह	्	स	र	य	ग	श	ण	भ	ञ
ह	ख	न	न	ठ	ञ	प	ल	ष	्	ा	थ	ए	आ	द	द
ल	ठ	घ	ध	क	र	ी	ह	ठ	ि	ल	ी	व	स	ख	च
ग	य	न	म	ख	ऊ	थ	ऊ	ख	म	इ	े	ज	त	फ	य
आ	र	इ	ह	घ	ब	म	ग	द	श	श	म	स	प	ब	त

खट्टा
लहसुन
कड़वा
दालचीनी
इलायची
धनिया
जीरा
हल्दी
करी
सौंफ
मेथी
अदरक
जायफल
प्याज़
मिर्च
नद्यपान
केसर
स्वाद
नमक
वनीला

31 - Agronomie

प	थ	च	ध	ड	ऊ	ग	थ	ण	ष	द	◌ू	र	◌्	प	ऊ
ढ	र	द	ड	ख	घ	◌ो	◌्	य	ऊ	थ	ल	फ	ख	◌ा	र
थ	न	◌्	त	स	म	◌ं	ञ	र	प	य	ड	इ	घ	र	◌्
न	ष	क	य	क	ष	◌ो	भ	ड	◌ा	थ	ल	श	व	◌ि	ज
ध	ठ	ट	त	◌ा	ह	र	ञ	◌ो	इ	म	ण	इ	ञ	स	◌ा
◌ा	ण	◌ा	ह	◌ि	व	ग	न	य	ज	न	◌ी	◌ा	प	◌्	थ
स	ग	व	च	व	ध	र	स	ह	ब	न	च	ण	थ	थ	ठ
◌ं	इ	ग	म	व	ठ	ण	ण	ग	फ	ञ	स	व	थ	◌ि	त
◌ु	स	◌ि	स	◌्	ट	म	ड	ग	ब	◌ा	ल	छ	श	त	म
न	ल	घ	य	थ	ट	ऊ	ष	द	त	ज	न	ढ	घ	◌ि	भ
अ	ध	◌्	य	य	न	ऊ	ल	घ	ञ	◌्	छ	उ	भ	क	न
उ	र	◌्	व	र	क	ण	ञ	श	ष	◌ि	◌ृ	क	ड	◌ी	ब
उ	त	◌्	प	◌ा	द	न	घ	ठ	न	व	आ	ब	ड	र	ऊ
उ	ग	ट	ध	ञ	प	ह	च	◌ा	न	ध	ड	म	ञ	श	ग
न	व	स	ब	◌्	ज	◌ि	य	◌ा	◌ं	ध	ऊ	ल	द	ण	उ
द	त	छ	ठ	ब	◌ी	ज	त	ष	भ	ध	ठ	म	छ	ष	द

कृषि
विकास
पानी
उर्वरक
पर्यावरण
पारिस्थितिकी
ऊर्जा
कटाव
अध्ययन
बीज

पहचान
सब्जियां
रोगों
भोजन
प्रदूषण
उत्पादन
अनुसंधान
ग्रामीण
विज्ञान
सिस्टम

32 - Science

र	ट	त	थ	्	य	व	छ	छ	ए	ड	त	त	ढ	ध	प
ल	ा	श	ा	ग	य	ो	र	्	प	ज	ि	न	ख	ग	र
ऊ	े	स	ढ	ए	फ	ड	द	थ	ट	ी	क	ख	छ	र	ि
ह	ड	ह	ा	श	र	ण	ब	अ	ख	व	ृ	क	ध	भ	क
प	ग	ग	न	य	भ	प	उ	व	प	ा	र	ण	ञ	ौ	ल
ए	फ	थ	ढ	उ	न	भ	ब	ल	्	श	्	ध	फ	त	्
व	ि	क	ा	स	ञ	ि	ट	ो	र	्	प	उ	ज	ि	प
ख	ढ	छ	ट	ब	छ	उ	क	क	य	म	द	ध	ल	क	न
च	र	ढ	आ	द	ष	ग	ा	न	ो	ए	य	ड	व	व	ा
ल	य	ह	ऊ	ष	फ	व	ी	ज	ग	ओ	भ	ख	ा	ि	ष
व	न	आ	ण	ल	ष	स	र	उ	ण	ं	फ	उ	य	ज	ष
ण	ष	र	्	क	व	ा	त	्	र	ु	ु	ग	ु	्	य
व	ै	ज	्	ञ	ा	न	ि	क	स	ण	ा	ल	ठ	ञ	इ
य	च	त	न	व	ब	र	र	ठ	ड	अ	ट	म	थ	ा	इ
इ	ष	इ	ऊ	ञ	ख	ठ	स	प	ख	घ	घ	ग	र	न	छ
न	स	उ	ह	न	इ	म	श	ट	ष	च	स	फ	त	प	ख

परमाणु
रासायनिक
जलवायु
डेटा
प्रयोग
विकास
तथ्य
जीवाश्म
गुरुत्वाकर्षण
परिकल्पना
प्रयोगशाला
तरीका
खनिज
अणुओं
प्रकृति
अवलोकन
जीव
कण
भौतिक विज्ञान
वैज्ञानिक

33 - Vêtements

प	ट	ब	इ	उ	ढ	ण	ह	भ	व	घ	ए	द	ढ	र	य
त	◌ो	थ	ठ	ण	ण	उ	ह	इ	ढ	ह	घ	◌ु	ठ	भ	य
ध	भ	श	म	फ	ग	ल	ए	◌ा	श	ञ	म	प	भ	य	द
ब	थ	स	◌ा	न	ख	ड	उ	ड	र	स	प	ट	◌ो	क	ब
ट	◌्	उ	ज	क	प	थ	र	र	ट	व	◌े	◌्	स	भ	◌े
द	इ	ल	◌ा	ज	◌ू	त	◌ा	ऊ	घ	घ	घ	ट	न	य	ल
ख	ञ	द	◌ा	घ	उ	इ	घ	छ	ण	ध	ब	◌ा	◌्	म	◌्
थ	व	ख	प	उ	र	य	ड	उ	ड	ग	ण	व	◌ो	न	ट
ध	त	ड	घ	म	ज	स	◌ै	◌ं	ड	ल	श	ञ	ज	ह	क
स	द	न	न	ऊ	फ	◌ै	श	न	ग	◌ं	क	म	ञ	ख	◌े
घ	ऊ	ह	ढ	ठ	ट	र	◌्	क	◌्	स	आ	म	ष	त	◌ै
ह	ह	उ	ड	उ	◌ो	द	स	◌्	त	◌ा	न	◌े	प	प	ज
स	ए	म	उ	इ	प	फ	ञ	ड	ख	ध	ऊ	ढ	प	◌ै	घ
च	न	ध	ड	म	◌ौ	ट	व	च	छ	श	द	ण	य	◌ं	भ
ष	ण	च	क	म	◌ौ	ज	छ	ऊ	ए	प	◌्	र	न	ट	ड
ह	म	स	ह	ट	ठ	घ	भ	ध	द	ए	ञ	थ	थ	ण	श

कंगन
बेल्ट
टोपी
जूता
कमीज
ब्लाउज
हार
दुपट्टा
दस्ताने
जीन्स
स्कर्ट
कोट
फैशन
पैंट
स्वेटर
पाजामा
पोशाक
सैंडल
एप्रन
जैकेट

34 - Méditation

स	र	ए	ज	व	ऊ	ढ	स	ट	न	ष	प	र	थ	ड	ल
व	◌्	श	◌ा	श	ऊ	त	न	र	ब	ह	◌्	फ	च	प	उ
◌ा	म	व	ग	य	र	ह	य	घ	न	ध	र	भ	ड	व	भ
◌्	त	ग	◌ी	◌ं	स	न	इ	म	ह	ड	क	ड	ध	ह	ड
श	ड	भ	घ	क	ग	आ	आ	ठ	ख	त	◌ृ	ग	◌्	ड	आ
आ	द	त	◌े	◌ं	◌ृ	इ	स	उ	भ	च	त	श	य	म	ड
स	ग	त	◌ि	प	श	त	न	◌ौ	म	◌ा	◌ि	स	◌ा	त	प
न	च	र	घ	द	थ	ऊ	◌ि	य	ख	इ	व	न	न	आ	ब
प	र	◌ि	प	◌्	र	◌े	क	◌्	ष	◌्	य	न	ह	र	ए
द	प	ल	व	स	ह	य	ध	त	◌ं	◌ा	श	क	◌ा	ञ	श
ञ	छ	ख	ष	ल	ब	ध	छ	ढ	◌ा	ष	ख	स	त	ए	ए
ड	व	उ	ड	ञ	ब	स	ठ	उ	य	ल	ञ	◌ि	ष	घ	◌ँ
ञ	ख	ऊ	इ	स	ठ	व	ठ	ल	द	थ	◌ु	न	ह	ऊ	उ
द	ष	ब	व	ए	क	◌ृ	त	ज	◌्	ञ	त	◌ा	य	ब	ब
स	◌्	प	ष	◌्	ट	त	◌ा	छ	व	ग	ए	म	य	छ	छ
आ	ट	श	◌ा	◌ं	त	◌ि	अ	व	ल	◌ो	क	न	ब	द	म

स्वीकृति
ध्यान
शांत
स्पष्टता
दया
भावनाएँ
जाग
दयालुता
कृतज्ञता
आदतें
मानसिक
गति
संगीत
प्रकृति
अवलोकन
शांति
परिप्रेक्ष्य
आसन
श्वास
मौन

35 - Littérature

ग	फ	म	उ	व	ठ	र	ख	ल	न	ब	ज	त	उ	ब	म
क	ख	◌े	ल	छ	प	च	द	थ	स	थ	ल	◌ी	◌ै	श	ह
थ	व	त	ञ	ठ	ल	ए	◌ी	च	ड	उ	ब	ट	व	र	ण
◌ा	◌ि	त	◌ा	न	◌ा	म	स	क	र	◌ू	प	क	ठ	न	ठ
व	श	घ	थ	◌ि	त	आ	र	ढ	◌ि	ल	इ	त	ष	स	◌ी
◌ा	◌्	ब	क	ष	व	द	◌ा	उ	ण	स	त	◌ु	ल	न	◌ा
च	ल	उ	श	◌्	थ	क	◌्	ह	ड	य	◌्	स	ठ	ग	स
क	◌े	ख	आ	क	द	य	त	ण	भ	◌ा	उ	स	ख	ञ	ठ
त	ष	इ	ण	र	व	◌ि	व	र	घ	◌्	ढ	स	◌ा	ण	र
ह	ण	घ	ए	◌्	◌ा	च	त	ख	र	न	ड	द	ण	भ	ए
ल	ब	ए	ठ	ष	◌ं	न	य	ग	न	प	व	य	थ	श	ट
इ	ढ	ब	त	ढ	स	थ	त	इ	च	उ	◌ि	ण	ञ	ड	ग
ध	छ	य	ड	च	स	ट	◌ु	ए	ढ	त	ष	स	ह	ष	ट
ढ	च	स	फ	ष	ढ	द	क	ढ	ह	छ	य	ञ	ड	द	ढ
व	फ	र	न	श	थ	ष	भ	ञ	थ	ञ	ष	आ	य	स	ढ
क	◌ा	व	◌्	य	◌ा	त	◌्	म	क	ऊ	ए	म	ट	च	ख

समानता
विश्लेषण
किस्सा
लेखक
जीवनी
तुलना
निष्कर्ष
विवरण
संवाद
कथा
रूपक
कथावाचक
कविता
काव्यात्मक
तुक
उपन्यास
ताल
शैली
विषय
त्रासदी

36 - Nourriture #1

ण	भ	त	च	ण	ष	ग	द	ढ	ठ	आ	ट	फ	स	ष	न
ण	आ	छ	र	थ	म	ध	◌ा	च	ग	ण	र	ड	ध	घ	◌ा
ग	ख	थ	◌ी	ठ	च	उ	ल	ख	ह	व	ठ	इ	व	ब	श
प	◌ा	ऊ	ब	प	◌ू	स	च	प	छ	ए	ढ	र	ञ	म	प
न	ड	ज	◌े	◌्	ठ	आ	◌ी	म	स	◌ी	ल	◌ु	त	उ	◌ा
प	ण	ग	र	य	थ	ड	न	स	ए	ल	फ	ष	ञ	प	त
आ	ध	ध	◌ॉ	◌ा	इ	थ	◌ी	ए	क	प	◌ा	छ	थ	र	◌ी
थ	आ	ठ	ट	ज	च	◌ी	न	◌ी	◌ॉ	र	स	द	ह	ऊ	ध
फ	न	ष	◌्	ग	ढ	छ	उ	ल	फ	म	ठ	ण	ऊ	भ	ख
प	ढ	ख	◌्	प	ह	ग	व	थ	◌़	फ	श	न	द	ल	य
फ	ब	र	स	◌ा	र	ब	◌ू	◌ं	◌ी	न	◌ा	◌ू	ट	ज	◌ौ
प	र	ह	प	ल	श	ञ	ऊ	उ	र	◌ु	प	ए	द	य	त
ड	न	य	आ	क	छ	ण	म	र	ट	स	द	थ	◌ू	न	ञ
थ	ह	म	ज	ल	श	म	◌ा	◌ं	स	ह	द	ख	ध	त	र
उ	ड	इ	क	छ	ण	म	ध	त	ढ	ल	ब	भ	घ	इ	ऊ
र	म	व	ध	फ	ऊ	भ	न	ग	घ	घ	म	श	प	ख	ख

लहसुन
तुलसी
कॉफ़ी
दालचीनी
गाजर
नींबू
पालक
स्ट्रॉबेरी
रस
दूध
शलजम
प्याज
जौ
नाशपाती
सलाद
नमक
सूप
चीनी
टूना
मांस

37 - Jours et Mois

अ	ग	स	◌्	त	ल	स	घ	म	उ	न	ञ	स	ग	ष	ड
ब	म	ब	भ	भ	प	व	ब	त	ह	र	ल	ग	ल	आ	ग
ध	च	स	अ	अ	प	◌्	र	◌ै	ल	◌ी	र	व	र	फ	ण
थ	भ	व	म	क	फ	ब	व	छ	घ	ढ	न	उ	र	ए	स
श	ट	न	ए	च	◌्	र	◌ा	श	र	ठ	◌ू	◌ा	ई	त	प
र	व	◌ि	व	◌ा	र	ट	र	छ	घ	ण	ज	ष	ल	ल	◌्
व	न	व	◌ं	ब	र	ब	◌ू	म	◌ं	ग	ल	व	◌ा	र	त
◌ा	श	न	उ	ध	उ	ञ	◌ु	ब	च	ठ	स	श	◌ु	व	◌ा
◌ि	◌ु	छ	ग	थ	श	प	ग	द	र	म	◌ि	ख	ज	◌ा	ह
न	क	ष	ठ	च	ठ	क	उ	ञ	स	◌ा	त	ष	ए	म	ए
श	◌्	ब	थ	घ	प	न	◌ै	ब	घ	र	◌ं	म	ऊ	◌ो	ढ
थ	र	आ	छ	ए	ज	व	छ	ल	थ	◌्	ब	द	च	स	म
ञ	व	ण	प	आ	न	स	ञ	ह	◌े	च	र	थ	ब	द	ह
ञ	◌ा	र	भ	ब	व	प	ग	ऊ	ल	◌ं	द	व	त	छ	थ
ह	र	र	छ	ट	र	व	◌ा	ध	◌ु	ब	ड	ण	म	व	र
ब	ढ	ऊ	उ	द	◌ी	च	उ	च	ऊ	ए	भ	र	छ	व	ए

अगस्त
अप्रैल
कैलेंडर
रविवार
फरवरी
जनवरी
गुरूवार
जुलाई
जून
सोमवार
मंगलवार
मार्च
बुधवार
महीना
नवंबर
अक्टूबर
शनिवार
सप्ताह
सितंबर
शुक्रवार

38 - Jardinage

ग	फ	ल	च	ग	ख	म	त	ष	त	द	ग	श	ञ	ऊ	ल
◌ं	इ	ण	आ	◌ु	ढ	श	उ	श	न	द	र	प	भ	ष	भ
द	य	स	ध	ल	स	स	ए	श	र	ध	द	घ	थ	च	उ
ग	ट	श	ए	द	त	ख	य	ञ	ट	न	भ	घ	म	व	घ
◌ी	प	इ	ध	स	ध	य	◌ा	◌ं	त	◌ि	ज	◌ा	र	◌्	प
म	ज	ख	ट	◌्	ए	स	ठ	द	◌े	◌ा	थ	स	श	ग	ठ
न	◌ी	◌ा	प	त	द	स	व	भ	◌्	ख	◌्	न	ब	आ	थ
य	ब	र	च	◌ा	ट	छ	ष	द	त	र	घ	त	ल	म	म
◌ा	य	फ	ध	ऊ	ब	श	ग	छ	प	ष	◌्	◌ु	प	◌ी	य
द	आ	ट	व	ख	छ	◌ी	च	उ	प	ड	भ	ह	ष	स	त
◌्	घ	आ	न	ख	◌ा	द	◌्	य	ब	द	ठ	ण	त	◌ौ	फ
◌ो	छ	ब	र	न	ट	◌े	◌ं	क	त	ढ	च	ष	ए	म	थ
ल	ग	स	स	छ	घ	◌ि	र	ह	ख	उ	ञ	आ	त	आ	इ
फ	आ	व	न	फ	ञ	व	व	◌ा	न	स	◌्	प	त	◌ि	क
ख	◌ि	ल	न	◌ा	ठ	ब	ऊ	र	ढ	श	त	ठ	फ	छ	भ
ज	ल	व	◌ा	य	◌ु	ग	ऊ	ख	च	ण	थ	ध	ढ	ञ	छ

वानस्पतिक
गुलदस्ता
जलवायु
खाद्य
खाद
पानी
प्रजातियां
विदेशी
पत्ते
पत्ता
खिलना
पुष्प
बीज
नमी
कंटेनर
मौसमी
गंदगी
नली
फलोद्यान

39 - Entreprise

म	व	द	च	प	◌ै	स	◌ा	म	ह	छ	च	घ	च	फ	च
द	ञ	◌ु	ह	र	श	त	ण	आ	ग	व	र	आ	र	त	इ
स	इ	क	म	ह	छ	छ	ठ	ञ	य	फ	भ	ग	ब	ज	ट
ठ	ब	◌ा	ञ	◌ं	आ	आ	ञ	ग	द	ब	ख	ण	ध	द	ग
न	◌ि	न	थ	◌ो	ध	ध	ड	ऊ	इ	ए	न	आ	थ	उ	ञ
ट	क	द	अ	र	◌्	थ	श	◌ा	स	◌्	त	◌्	र	घ	र
य	◌्	◌े	ह	क	य	उ	य	ल	य	◌ा	र	◌्	◌ा	क	ल
ड	र	न	◌ी	प	◌ं	क	ब	◌ा	त	श	य	र	य	ध	◌ा
फ	◌ी	◌े	ड	व	स	फ	क	म	थ	व	र	फ	त	र	भ
च	◌ै	ल	ट	द	ट	ण	र	ठ	ढ	◌े	◌ि	ध	◌ा	व	ढ
प	उ	क	ठ	ग	इ	इ	◌्	श	व	◌ि	◌ै	त	क	च	इ
भ	ठ	ष	◌्	ठ	ऊ	इ	म	त	भ	न	क	ग	◌्	ढ	म
ढ	उ	ट	फ	ट	उ	ञ	च	ट	ठ	आ	स	◌ा	य	त	ण
आ	व	घ	इ	ख	र	ह	◌ा	व	ख	प	श	ल	◌ो	द	ढ
म	◌ु	द	◌्	र	◌ा	◌ी	र	ठ	प	प	फ	स	◌ि	प	ध
भ	भ	ब	भ	ग	स	य	◌ी	ट	म	इ	प	ब	न	ख	फ

पैसा
दुकान
बजट
कार्यालय
कैरियर
लागत
मुद्रा
नियोक्ता
कर्मचारी
कंपनी
अथशास्त्र
वित्त
करों
निवेश
माल
लाभ
आय
लेन-देन
फैक्टरी
बिक्री

40 - Activités

म	व	ब	ग	त	◌ि	व	◌ि	ध	◌ि	ग	ण	ई	ख	ध	श
छ	◌ि	ए	◌ा	ल	क	म	छ	ए	घ	घ	ञ	ल	ब	आ	◌ि
ल	श	भ	श	ग	फ	◌ो	ट	◌ो	ग	◌्	र	◌ा	फ	◌ी	क
◌ी	◌्	छ	ठ	फ	व	इ	ड	द	फ	म	ख	◌ि	फ	ध	◌ा
प	र	न	ठ	थ	ण	◌ा	ण	व	म	थ	ब	स	उ	फ	र
क	◌ा	अ	प	भ	ञ	र	न	ग	आ	ब	ण	य	ठ	ट	क
ड	म	व	ञ	ऊ	ध	स	ड	◌ी	च	च	छ	ध	छ	ब	र
◌़	ञ	क	द	घ	व	ह	◌े	ख	◌ि	त	व	त	ए	न	न
न	इ	◌ा	ट	आ	ठ	द	र	◌े	त	ण	उ	ऊ	द	ञ	◌ा
◌े	ह	श	भ	इ	र	च	◌ा	ल	◌्	ब	◌ु	न	◌ा	ई	थ
थ	ए	◌ि	य	स	ड	प	ड	भ	र	घ	ण	व	च	प	फ
घ	ञ	थ	त	ढ	ऊ	ढ	◌ा	ह	क	ख	क	◌ौ	श	ल	ठ
आ	ल	र	◌्	◌ो	ञ	◌़	ल	प	◌ा	ध	आ	थ	ह	◌्	ख
आ	न	छ	◌ृ	इ	◌ं	न	न	ट	र	प	फ	ल	स	◌ि	ध
य	ए	◌ं	न	ध	प	◌ा	◌ा	थ	◌ी	च	प	म	स	श	ण
भ	श	ह	द	◌ू	◌ा	ज	ख	श	भ	ऊ	व	थ	द	घ	व

गतिविधि
कला
शिल्प
डेरा डालना
शिकार करना
कौशल
सिलाई
नृत्य
हितों
बागवानी
खेल
पढ़ना
अवकाश
जादू
चित्रकारी
मछली पकड़ने
फोटोग्राफी
आनंद
विश्राम
बुनाई

41 - Mode

ब	◌ु	ट	◌ी	क	क	प	ड	◌़	◌े	इ	ण	प	श	ड	य
ब	ऊ	श	य	र	ल	आ	छ	आ	म	इ	ड	इ	◌ै	ड	म
र	थ	आ	ध	◌ि	म	व	त	ई	◌ा	◌़	ढ	क	ल	ऊ	म
ठ	छ	ग	ड	ह	ब	स	इ	फ	म	च	य	प	◌ी	फ	ढ
न	इ	ए	न	◌ा	आ	ढ	ख	प	◌ू	ब	ग	◌ै	र	ठ	ह
ट	ठ	व	ष	व	घ	र	ग	ष	ल	न	आ	ट	म	ब	म
◌्	ध	ख	न	य	ध	आ	◌ा	थ	◌ी	◌ा	य	र	त	◌ू	ध
र	म	◌ा	प	◌ा	ष	ध	◌ं	म	ए	व	ध	◌्	ठ	ट	ल
◌े	ह	स	ए	◌्	न	◌ु	ह	स	द	ट	ठ	न	स	र	ल
◌ं	स	ढ	म	व	इ	न	म	ए	ध	◌ा	ञ	ट	थ	ड	त
ड	स	स	◌्	त	◌ी	◌ि	ष	घ	ए	ऊ	य	ब	ष	ध	ब
ल	ग	फ	त	◌ा	न	क	भ	फ	प	ढ	ध	क	व	ञ	न
श	छ	भ	ढ	◌ी	ध	य	उ	घ	स	छ	द	ध	ध	ञ	म
ग	प	ए	ञ	फ	र	ड	◌ू	न	त	ख	ए	ढ	ढ	त	व
म	त	भ	त	ग	स	भ	ढ	◌्	ए	ल	घ	च	थ	ख	व
स	थ	ख	त	ह	फ	ञ	इ	ड	न	थ	ठ	ग	म	ञ	थ

सस्ती
बुटीक
बटन
कढ़ाई
महंगा
आरामदायक
फीता
माप
न्यूनतम
आधुनिक
मामूली
पैटर्न
मूल
व्यावहारिक
सरल
शैली
ट्रेंड
बनावट
कपड़े

42 - Nourriture #2

श	ट	द	ठ	म	द	◌ा	◌ा	ब	◌े	स	क	उ	र	स	ब
य	म	ख	फ	छ	न	ध	ल	प	थ	ड	य	◌ौ	ऊ	ञ	◌्
ऊ	◌ा	ग	फ	ल	र	फ	स	ए	प	च	ए	ए	व	ऊ	र
छ	ट	छ	◌े	◌ी	आ	ड	च	ख	ञ	म	ग	भ	ऊ	◌ी	◌ो
घ	र	म	◌ै	ह	इ	स	ब	च	फ	ड	फ	ह	ध	ठ	क
ल	ड	◌ू	च	ध	◌ू	ष	घ	ऊ	प	ए	ष	ख	द	र	◌ो
भ	ब	र	◌ी	◌े	च	◌ॅ	व	ध	छ	ड	न	ध	र	ए	ल
र	ञ	श	ष	ब	ए	ल	इ	ण	क	अ	ग	ध	◌ो	श	◌ी
य	घ	म	आ	ह	न	ब	थ	ड	◌े	उ	◌ं	र	ट	श	स
थ	न	क	◌ि	च	न	प	र	ब	ल	इ	◌ै	ड	◌ी	ष	द
ग	इ	र	छ	ग	ए	ग	र	द	◌ा	ढ	ब	घ	◌ा	ढ	म
च	◌ा	व	ल	फ	भ	य	व	इ	आ	फ	ञ	र	ञ	इ	ऊ
ण	व	म	म	ष	प	ट	छ	अ	◌ं	ग	◌ू	र	द	ए	च
व	ज	ल	ञ	घ	ढ	न	श	य	ब	थ	ह	व	ध	व	भ
ट	अ	ब	थ	ध	ष	श	त	ख	ख	च	स	ष	य	ड	श
य	ध	श	श	ष	ल	ध	ठ	ञ	श	च	◌ॉ	क	ल	◌े	ट

बादाम
बैंगन
केला
गेहूँ
ब्रोकोली
चेरी
अजवाइन
मशरूम
चॉकलेट
हैम
कीवी
आम
अंडा
रोटी
मछली
सेब
चिकन
अंगूर
चावल
टमाटर

43 - Algèbre

च	त	म	उ	ग	ब	थ	ध	ड	य	आ	स	म	घ	स	श
ढ	ण	ग	ढ	ल	ध	श	श	ठ	भ	ढ	म	◌ै	श	स	फ
न	छ	आ	◌ो	ट	ञ	द	ल	श	फ	प	◌ी	ट	व	व	ड
र	◌े	ख	◌ी	य	न	◌्	◌ू	श	न	◌्	क	◌्	उ	ए	म
च	च	◌े	भ	◌ा	म	ह	थ	च	घ	र	र	र	अ	स	ध
इ	ए	र	थ	ख	प	न	ढ	य	प	त	ण	◌ि	◌ं	ए	स
क	स	आ	ह	◌्	व	ढ	श	ब	ञ	◌ि	व	क	श	इ	ह
त	◌ा	ठ	आ	◌ं	य	फ	ह	घ	ठ	प	व	◌्	स	ड	स
ञ	फ	र	ए	स	न	म	फ	ट	ञ	◌ा	श	स	◌ं	ख	इ
ण	ट	त	क	ठ	ष	◌्	◌ो	क	म	द	◌ू	च	क	स	ष
घ	ट	◌ा	व	स	◌ू	त	◌्	र	◌ा	क	ल	झ	ट	म	ल
ऊ	त	ए	ल	ड	ध	त	घ	ट	त	ब	भ	स	भ	◌ा	श
च	च	इ	ध	आ	घ	श	ष	ल	◌्	अ	न	◌ं	त	ध	ग
उ	च	ठ	म	ह	फ	ड	घ	प	र	स	ध	व	ष	◌ा	ण
छ	भ	र	ख	च	भ	र	स	स	◌ा	श	द	व	प	न	र
ड	ग	◌्	र	◌ा	फ	श	घ	ल	ठ	थ	ख	थ	न	ण	म

आरेख
प्रतिपादक
समीकरण
कारक
झूठा
सूत्र
अंश
ग्राफ
अनंत
रेखीय

मैट्रिक्स
संख्या
कोष्ठक
संकट
मात्रा
समाधान
योग
घटाव
चर
शून्य

44 - Océan

फ	ड	व	स	ब	ड	ठ	ञ	छ	र	र	श	आ	ष	ब	ह
क	स	ट	उ	ह	छ	ठ	प	द	व	न	फ	न	फ	ट	स
थ	छ	ञ	ऊ	ध	थ	म	प	ञ	श	म	थ	प	◌ं	ब	ण
ड	श	◌ु	फ	ष	◌ी	◌ू	ढ	ग	ऊ	क	य	प	◌े	श	व
श	इ	श	आ	ज	प	◌ं	◌्	स	ज	◌्	व	◌ा	र	उ	ष
फ	ल	आ	थ	ए	◌ी	ग	आ	ट	इ	ष	म	र	ह	य	इ
य	ह	ब	न	ण	स	◌ा	◌ी	ल	छ	म	ए	न	ल	ष	ट
क	◌े	क	ड	◌़	◌ा	न	◌ा	व	द	भ	ष	ट	◌ू	न	◌ा
छ	◌्	फ	च	र	ऊ	श	भ	◌ा	स	च	फ	ढ	च	ण	ज
ट	व	ब	फ	ख	छ	आ	म	◌ै	फ	ऑ	च	ट	फ	ए	◌े
र	फ	ड	ड	ऊ	त	न	ऊ	श	भ	क	ल	ट	इ	र	ल
ष	छ	ख	द	ड	ड	ष	च	छ	ख	◌्	र	ख	स	म	◌ि
ठ	थ	द	र	र	म	स	च	भ	न	ट	◌ा	◌्	ट	च	फ
ष	इ	द	ट	द	छ	म	ञ	ड	र	◌ो	थ	ट	◌ा	इ	◌़
र	भ	व	ध	र	झ	◌ी	◌ं	ग	◌ा	प	घ	स	उ	श	◌ि
ड	◌ॉ	ल	◌्	फ	◌ि	न	ड	स	ख	स	स	ल	ट	ख	श

शैवाल
व्हेल
नाव
मूंगा
केंकड़ा
झींगा
डॉल्फिन
स्पंज
सीप
ज्वार
जेलीफ़िश
मछली
ऑक्टोपस
शार्क
चट्टान
नमक
आंधी
टूना
कछुआ
लहरें

45 - Antiquités

व	स	◌ि	क	◌्	क	◌े	च	आ	म	ट	न	ञ	ऊ	ब	ल
◌ि	फ	ए	द	य	ध	द	स	ष	ह	फ	छ	ग	ध	ह	ट
श	र	न	◌ि	व	◌े	श	स	द	◌ी	ल	स	ट	भ	◌ा	फ
◌्	◌्	द	क	ट	घ	प	उ	ए	ल	घ	व	स	थ	ल	ट
व	न	श	ब	◌ी	ऊ	ए	श	श	फ	म	ब	ए	द	◌ी	म
स	◌ी	क	त	व	म	अ	स	◌ा	म	◌ा	न	◌्	य	स	◌ू
न	च	◌ो	फ	◌ा	ग	त	ट	र	ब	ध	न	प	ल	◌ु	र
◌ी	र	◌ं	स	ज	इ	◌ु	व	ए	ञ	ब	ढ	◌ु	◌्	र	◌्
य	ड	आ	ब	स	ञ	ट	ण	ष	◌ू	भ	आ	र	◌ू	◌ु	त
ग	◌ै	ल	र	◌ी	फ	त	घ	व	ष	ख	व	◌ा	म	च	◌ि
ढ	ब	इ	◌ी	ष	ष	थ	ल	य	त	म	ह	न	च	◌ि	क
त	ह	छ	ध	◌ै	आ	य	ऊ	भ	प	◌्	ब	◌ा	ख	प	ल
म	ल	ष	व	ट	श	क	ल	◌ा	र	श	त	ब	ल	◌ू	◌ा
घ	ठ	ध	ठ	आ	न	◌ी	ल	◌ा	म	◌ी	ह	◌ा	ए	र	ए
ल	ष	आ	ल	ध	ठ	ह	ऊ	फ	न	ञ	ढ	ठ	ए	◌्	व
फ	ल	ल	द	ञ	इ	फ	ग	त	भ	श	छ	ल	छ	ण	फ

कला
विश्वसनीय
आभूषण
दशकों
सजावटी
नीलामी
सुरुचिपूर्ण
गैलरी
असामान्य
निवेश
फर्नीचर
सिक्के
कीमत
गुणवत्ता
बहाली
मूर्तिकला
सदी
शैली
मूल्य
पुराना

46 - Boxe

उ	क	स	इ	त	उ	म	द	क	◌ू	◌ा	◌़	ड	ल	ढ	च
स	◌ं	◌ो	ञ	ड	◌ा	घ	च	◌ौ	ए	स	फ	इ	ण	ए	त
न	अ	ध	न	ब	य	क	प	श	ख	न	द	र	ञ	र	च
ग	आ	फ	◌े	◌े	ग	क	त	ल	उ	ध	ब	ट	फ	थ	ल
ष	द	य	त	र	क	◌ो	थ	छ	श	◌ी	घ	◌्	र	ह	च
भ	ध	घ	◌ा	द	थ	ह	ण	इ	ल	र	ह	आ	र	श	च
श	व	ग	◌्	ब	च	न	ड	◌़	◌ी	◌ो	ठ	ब	उ	ध	च
र	ट	इ	स	ल	ल	◌ी	ल	म	◌ू	◌ि	◌ी	ड	थ	ष	म
◌ी	◌ी	उ	द	◌ा	इ	श	ख	त	स	व	ट	स	म	श	थ
र	◌ं	फ	श	त	ष	च	ए	ग	व	ध	◌्	ट	ऊ	ट	भ
र	घ	च	◌े	फ	◌ो	क	स	म	ए	छ	◌ु	ण	र	ठ	त
ढ	घ	उ	ढ	र	ग	य	घ	ए	भ	ठ	म	न	छ	उ	र
र	स	◌्	स	◌ि	य	◌ो	◌ं	प	र	ञ	ठ	श	स	ध	ठ
ट	भ	व	फ	त	छ	ण	ए	इ	ठ	ण	च	इ	त	आ	ध
न	द	ल	ल	द	ध	ध	य	छ	ध	ए	ष	ख	ए	घ	ल
ए	ण	ह	थ	फ	ख	प	य	र	थ	ल	प	ढ	ब	ख	ट

विरोधी
रेफरी
घंटी
कोने
लड़ाकू
कौशल
फोकस
रस्सियों
शरीर
कोहनी
लात
थक गया
ताकत
दस्ताने
ठोड़ी
मुट्ठी
अंक
शीघ्र
वसूली

47 - Réchauffement Climatique

छ	ध	छ	प	स	भ	प	ञ	ड	त	छ	ध	इ	ष	आ	र
द	ढ	फ	◌ी	◌ं	व	ञ	र	त	ध	ड	◌्	ट	उ	च	थ
ग	◌ै	स	ढ	क	◌ि	द	व	◌्	प	ष	य	ष	ण	च	व
य	ञ	क	◌़	ट	ष	ड	ण	ल	य	छ	◌ा	ञ	ब	ष	म
◌ो	म	◌ा	◌ि	र	◌्	◌े	न	च	ज	◌ा	न	न	ठ	स	च
◌्	छ	◌ि	य	न	य	ट	भ	ल	ल	ग	व	त	स	ख	र
द	ट	व	◌ो	ड	◌ि	◌ा	य	ह	व	फ	प	र	आ	प	ट
उ	ढ	छ	◌ं	आ	इ	व	ढ	प	◌ा	व	ट	◌्	ण	ल	फ
द	ट	घ	ठ	र	ब	द	◌ा	ग	य	◌ि	त	व	ठ	घ	ए
ऊ	ह	ण	आ	ढ	अ	◌ा	भ	स	◌ु	ध	ब	◌ि	व	त	ख
थ	प	स	थ	घ	फ	घ	द	र	स	◌ा	त	र	ठ	ड	ढ
आ	ब	प	ढ	ट	ड	ढ	य	◌ी	र	न	द	प	उ	ह	इ
छ	ष	ठ	भ	व	भ	ठ	न	र	क	ट	◌ि	क	◌्	र	आ
ड	आ	ए	र	ऊ	श	ऊ	र	ठ	◌ा	त	◌ा	प	म	◌ा	न
व	◌ै	ज	◌्	ञ	◌ा	न	◌ि	क	र	ऊ	र	◌्	ज	◌ा	भ
ऊ	भ	ट	ए	ट	च	ग	ब	श	ख	ढ	ए	ल	घ	ञ	ख

आर्कटिक
ध्यान
परिवर्तन
जलवायु
संकट
विकास
डेटा
पर्यावरण
ऊर्जा
भविष्य
गैस
पीढ़ियों
सरकार
निवास
उद्योग
विधान
अब
आबादी
वैज्ञानिक
तापमान

48 - Ballet

म	र	स	य	ो	ं	क	ि	त	्	र	न	ह	ण	ह	र
ा	ा	ं	च	न	ख	च	ह	ी	व	ा	ह	ा	व	ञ	ष
ं	ट	ग	ड	च	ड	ू	व	व	ल	ल	क	ी	न	क	त
स	्	ी	ख	आ	च	स	छ	्	थ	उ	म	ऊ	ख	उ	र
प	स	त	श	ह	ट	ष	उ	र	क	ा	त	ग	ी	ं	स
े	्	ु	ए	थ	ठ	ए	ल	त	ध	घ	्	ल	श	ौ	क
श	क	उ	ं	य	म	र	ा	ा	श	इ	ा	य	ै	ध	आ
ि	े	ण	ड	द	आ	फ	त	ह	क	ए	ल	इ	ल	ल	ट
य	्	फ	इ	ठ	र	ड	फ	फ	ट	य	क	भ	ी	ञ	ए
ो	र	स	ड	च	ग	ल	श	म	ड	व	त	ल	प	ष	र
ं	ऑ	ल	ञ	ग	भ	ड	ल	श	ड	आ	ण	्	ठ	ड	ि
द	छ	र	च	त	ब	उ	प	द	द	थ	य	प	ृ	उ	ह
र	ऊ	श	ण	ए	ै	च	म	छ	आ	भ	फ	य	उ	न	र
्	घ	ट	छ	य	ल	ञ	इ	य	ड	भ	ञ	घ	ठ	ऊ	्
श	ट	ह	ष	ह	े	घ	घ	ण	ढ	ट	ठ	भ	छ	य	स
क	थ	ट	श	च	श	घ	ष	ह	ल	य	ए	ड	ह	ल	ल

वाहवाही
कलात्मक
बैले
नृत्यकला
कौशल
संगीतकार
नर्तकियों
सूचक
इशारा
सुंदर
तीव्रता
मांसपेशियों
संगीत
ऑर्केस्ट्रा
दर्शक
रिहर्सल
ताल
एकल
शैली
तकनीक

49 - Fruit

ढ	ण	ञ	भ	ढ	घ	आ	ञ	आ	ल	ठ	घ	उ	ए	व	ञ
अ	द	फ	घ	थ	इ	आ	ण	ड	न	ख	र	द	व	ख	क
म	म	आ	र	ध	ट	स	ज	◌़	ख	त	स	श	◌ो	भ	◌ौ
र	ऊ	र	ज	◌ौ	◌ं	अ	म	◌ू	इ	फ	भ	घ	क	प	व
ञ	आ	◌ौ	◌ू	क	◌े	ल	◌ा	य	ब	ख	र	भ	◌ा	प	◌ौ
थ	उ	◌े	ण	द	फ	ए	ञ	त	ल	र	◌ौ	स	ड	◌ौ	ट
भ	छ	ब	श	ख	प	प	स	द	◌ू	इ	त	द	◌ो	त	य
ण	न	त	य	च	घ	फ	ट	र	त	श	ठ	च	आ	◌ा	ल
घ	ग	◌ौ	र	◌ं	◌ा	न	◌ौ	ब	◌ा	◌ु	ख	◌े	ग	उ	ह
फ	प	प	◌ं	द	प	इ	य	य	◌़	ग	ञ	र	ष	आ	भ
ट	न	◌ा	र	ब	ख	थ	ठ	त	फ	त	द	◌ौ	ख	ऊ	ग
ढ	भ	श	उ	◌े	◌ू	ण	उ	ढ	श	फ	श	ष	घ	ण	ट
ञ	श	◌ा	घ	स	न	◌ा	◌्	न	न	अ	ञ	प	प	म	ध
ऊ	ब	न	घ	ध	उ	ड	म	ञ	ऊ	स	त	ध	य	द	ष
ठ	इ	आ	ट	श	अ	◌ं	ग	◌ू	र	ल	म	व	ब	छ	घ
ब	फ	ग	त	स	ड	ल	ठ	त	ड	ञ	आ	व	फ	प	फ

खुबानी
अनन्नास
एवोकाडो
बेरी
केला
चेरी
नींबू
अंजीर
रसभरी
अमरूद

कीवी
आम
तरबूज
शफ़तालू
नारंगी
पपीता
आड़
नाशपाती
सेब
अंगूर

50 - Technologie

ण	ध	प	ड	◌ि	ज	◌ि	ट	ल	त	ह	स	त	म	इ	त
उ	र	उ	◌्	ग	ए	ब	च	स	त	म	च	ध	ध	उ	ड
फ	क	च	इ	र	च	स	द	स	म	ड	ह	ढ	थ	ग	ष
थ	◌ी	ण	ट	फ	द	उ	उ	ड	आ	ल	त	ण	प	ए	ष
आ	य	ण	द	उ	◌़	र	इ	प	ए	ऊ	श	छ	ब	श	त
ग	◌ि	ह	व	थ	आ	◌ा	◌्	ब	ट	आ	द	च	◌ा	ए	ड
ब	ख	ऊ	प	प	फ	ह	इ	श	य	ल	◌े	थ	इ	थ	ष
ब	◌्	र	◌ा	उ	ज	◌़	र	ल	न	ष	◌ं	त	ट	ब	आ
भ	◌ं	य	ए	ह	फ	◌़	◌ॉ	न	◌्	ट	स	ध	◌्	भ	ब
छ	◌ा	व	ब	◌्	ल	◌ॉ	ग	ध	र	च	◌ु	उ	स	ल	त
इ	स	◌े	स	◌ं	ग	ण	क	◌ा	फ	◌ी	र	◌ा	म	◌ै	क
ह	◌ी	ट	र	ब	ण	स	र	स	◌्	र	क	घ	ख	म	ड
फ	◌ा	फ	इ	श	ट	ण	प	◌ं	ह	न	◌्	◌्	ख	र	◌े
च	भ	◌्	◌ा	ण	ग	य	ञ	◌ु	इ	प	ष	व	◌्	ड	ट
ध	आ	◌ॉ	व	स	व	इ	स	न	ल	द	◌ा	ठ	भ	स	◌ा
स	छ	स	ध	व	थ	आ	न	अ	इ	◌ं	ट	र	न	◌े	ट

प्रदर्शन
ब्लॉग
कैमरा
कर्सर
डेटा
स्क्रीन
फ़ाइल
इंटरनेट
सॉफ्टवेयर
संदेश
ब्राउज़र
डिजिटल
बाइट्स
संगणक
फ़ॉन्ट
अनुसंधान
सुरक्षा
सांख्यिकी
आभासी
वाइरस

51 - Musique

श	भ	ह	ख	व	स	ठ	इ	ष	ण	छ	छ	ओ	ल	म	ग
र	◌ा	ट	ध	ऊ	◌ं	उ	ग	◌ा	न	◌ा	छ	प	ढ	◌ा	◌ौ
◌ि	स	स	द	क	ग	व	◌ा	य	ध	क	त	◌े	व	इ	त
क	द	घ	◌्	म	◌ी	र	र	ब	◌ा	ठ	य	र	ञ	क	◌ा
◌ॉ	◌्	ह	ब	त	त	ऊ	ध	ब	स	ष	ल	◌ा	त	◌्	त
र	भ	ट	ल	◌्	◌्	ग	◌ा	थ	◌ा	ग	◌ी	त	ग	र	◌्
◌्	◌ा	ट	◌ा	य	ञ	र	स	◌्	व	र	य	ए	ध	◌ो	म
ड	व	च	त	◌ा	थ	ग	◌ी	ध	श	द	ह	उ	ञ	फ	क
◌ि	द	त	फ	व	ण	ख	घ	य	ह	स	ग	भ	स	◌ो	त
◌ं	फ	ध	श	◌्	ष	ढ	म	इ	ड	ठ	श	फ	भ	न	श
ग	य	ल	प	◌ा	ए	ष	ट	आ	ष	ठ	ख	ब	प	श	ग
थ	ण	स	ञ	क	आ	म	त	स	ण	इ	श	इ	च	घ	आ
ड	ल	ब	ण	ग	ख	व	स	◌ं	ग	◌ी	त	क	◌ा	र	स
ए	ल	◌्	ब	म	त	र	उ	म	ब	त	ट	इ	स	ठ	य
ट	म	ण	प	न	प	◌ि	ऊ	ह	म	उ	य	स	फ	त	व
स	◌ु	स	◌ं	ग	त	ष	र	ष	म	ञ	फ	ठ	ऊ	च	आ

एल्बम
गाथागीत
गाना
गायक
शास्त्रीय
रिकॉर्डिंग
सद्भाव
सुसंगत
साधन
गीतात्मक
राग
माइक्रोफोन
संगीत
संगीतकार
ओपेरा
काव्यात्मक
ताल
तालबद्ध
गति
स्वर

52 - Météo

उ	ष	◌्	ण	क	ट	◌ि	ब	◌ं	ध	◌ी	य	ब	च	ठ	आ
उ	फ	द	च	ण	ध	इ	त	व	ह	उ	ब	◌ा	व	ह	आ
श	त	आ	ध	प	ब	व	◌ं	च	त	द	छ	द	घ	छ	त
ध	च	ध	स	ष	श	त	◌ा	द	ह	आ	य	ल	श	द	घ
य	ल	म	न	ट	फ	श	श	य	◌्	ल	ह	य	ण	प	ध
प	इ	म	ल	श	◌्	त	ल	ठ	◌ु	र	र	ख	र	ह	ग
ज	छ	भ	प	छ	र	◌ा	ह	◌ो	क	म	ध	व	उ	स	म
र	ल	आ	ढ	द	ब	प	व	त	ण	ट	◌ं	न	ध	द	च
ग	द	व	◌़	उ	ख	म	ष	ह	य	स	ण	ड	◌ु	श	स
च	न	श	◌ा	क	आ	◌ा	म	◌ा	न	स	◌ू	न	ल	ष	◌ू
ख	श	प	ब	य	च	न	स	ध	◌्	र	◌ु	व	◌ी	य	ख
च	ण	द	ऊ	ण	◌ु	फ	ब	व	◌ं	ड	र	ख	स	ड	◌ा
व	ब	घ	आ	च	य	◌ा	त	व	प	ए	आ	◌ं	ध	◌ी	ऊ
छ	व	च	ठ	य	उ	◌ू	ढ	ष	ख	ख	भ	च	ड	घ	प
द	द	फ	ह	न	ख	त	त	त	श	स	त	ह	त	द	ए
न	ड	व	छ	म	छ	भ	आ	ग	ए	ध	च	ड	उ	न	इ

इंद्रधनुष
वायुमंडल
कोहरा
शांत
आकाश
जलवायु
बर्फ
नम
बाढ़
मानसून

बादल
तूफान
ध्रुवीय
सूखा
तापमान
आंधी
गरज
बवंडर
उष्णकटिबंधीय
हवा

53 - L'Entreprise

प	ग	व	छ	ष	इ	थ	र	प	ा	य	ा	्	व	श	ए
्	ु	न	द	ख	प	ड	ग	च	ए	प	च	ह	ध	म	ऊ
र	ण	ि	ि	ढ	ड	म	ा	ग	न	न	च	फ	इ	स	प
त	व	भ	व	व	स	्	ज	ा	र	ा	छ	ऊ	य	ढ	्
ि	त	अ	ै	त	े	य	ो	त	घ	व	त	र	ठ	ष	र
ष	्	ह	श	आ	ह	श	र	च	घ	भ	र	्	ह	स	ग
्	त	य	्	ज	ो	ख	ि	म	ध	ा	आ	ु	म	ष	त
ठ	ा	इ	व	उ	द	्	य	ो	ग	ं	उ	द	झ	क	ि
ा	ह	क	ि	ग	प	ण	व	ल	ध	स	र	र	ञ	ा	न
थ	ऊ	ा	क	ध	ा	घ	ट	ष	थ	द	ध	स	प	ष	न
श	ध	इ	ठ	छ	्	प	े	श	े	व	र	ब	आ	र	ध
फ	त	य	इ	च	त	थ	व	त	ढ	ऊ	स	व	इ	फ	स
ह	य	ो	ढ	ट	उ	प	्	र	स	्	त	ु	त	ि	ा
उ	उ	ं	श	स	न	ध	स	त	ड	भ	स	स	न	ष	ं
आ	फ	ग	य	र	न	इ	न	ष	म	ध	ऊ	ठ	ग	ऊ	स
ण	न	ऊ	ब	फ	इ	ण	च	न	ि	र	्	ण	य	द	प

व्यापार
रचनात्मक
निर्णय
रोजगार
वैश्विक
उद्योग
अभिनव
निवेश
संभावना
प्रस्तुति
उत्पाद
पेशेवर
प्रगति
गुणवत्ता
संसाधन
राजस्व
प्रतिष्ठा
जोखिम
रुझान
इकाइयों

54 - Gouvernement

श	ए	ढ	थ	च	ल	र	◌ा	ष	◌्	ट	◌्	र	◌ी	य	इ
ष	च	ल	ल	र	त	◌ो	ख	ष	ख	ण	ड	ठ	क	ए	आ
द	ध	च	ञ	थ	त	ड	क	ञ	ह	भ	ण	ष	◌ा	भ	प
स	म	◌ा	न	त	◌ा	ल	त	त	न	ढ	प	घ	न	य	म
स	ध	◌्	ध	ह	र	ख	◌ी	ग	◌ं	श	म	ए	◌ू	भ	ड
ण	ऊ	र	◌ा	फ	त	स	र	म	ण	त	थ	य	न	स	ब
न	ए	च	व	उ	◌्	ण	◌्	म	ड	ए	◌्	ठ	ञ	ण	ञ
द	स	आ	◌ि	प	त	ल	प	म	ड	ग	श	र	ख	र	फ
र	क	घ	◌ं	व	◌ं	ध	ञ	ल	◌ा	आ	च	ट	व	◌्	य
ट	य	च	स	उ	व	प	र	श	ए	र	श	◌्	च	प	श
ध	◌ि	ब	म	ऊ	◌्	र	◌ा	ज	◌्	य	क	ष	म	◌ू	ख
ल	य	फ	द	य	स	◌ि	व	◌ि	ल	र	ण	◌्	ह	त	ए
र	◌ा	ज	न	◌ी	त	◌ि	न	◌्	य	◌ा	य	◌ा	व	◌ि	श
य	◌्	ठ	र	क	◌ा	◌ि	ध	अ	ढ	ण	व	र	द	◌ं	इ
ण	न	आ	स	म	ऊ	ज	न	◌ा	ग	र	◌ि	क	त	◌ा	च
ल	ठ	ल	इ	व	ड	ब	आ	इ	ह	ड	घ	ह	ग	श	ग

नागरिकता
सिविल
संविधान
लोकतंत्र
भाषण
चर्चा
अधिकार
समानता
राज्य
आजादी
न्यायिक
न्याय
स्वतंत्रता
कानून
स्मारक
राष्ट्र
राष्ट्रीय
शांतिपूर्ण
राजनीति
प्रतीक

55 - Randonnée

त	क	भ	स	ब	स	च	ल	स	ह	व	थ	ह	ञ	ड	य
ट	र	थ	◌्	त	प	प	◌्	र	क	◌ृ	त	◌ि	द	◌े	त
श	◌्	न	ध	◌े	स	स	भ	ढ	ल	ष	म	ग	ऊ	र	भ
प	◌ा	न	◌ी	◌ू	ष	ण	ख	ऊ	च	भ	ख	प	उ	◌ा	द
श	प	◌्	श	ज	आ	ऊ	ट	उ	व	न	स	ख	स	ड	ख
◌ि	ष	ब	क	य	उ	व	ए	ल	न	ट	र	ख	य	◌ा	उ
ख	प	च	न	न	ठ	ण	ज	ल	व	◌ा	य	◌ु	◌ा	ल	ट
र	ख	फ	ष	फ	ठ	ड	ट	इ	ष	◌्	व	र	न	न	उ
स	थ	द	ए	भ	ड	ध	भ	ह	ल	ट	ट	◌ो	◌्	◌ा	श
म	क	त	प	◌ा	प	ह	◌ा	ड	◌़	च	त	◌ं	व	◌ू	म
◌्	ग	व	फ	र	म	थ	ग	इ	र	ध	प	व	◌ि	ध	स
म	य	द	य	◌ी	◌ी	ढ	व	◌ा	उ	ठ	थ	न	◌ि	प	◌ौ
◌े	◌ा	ध	त	श	ठ	य	ख	ग	उ	च	श	◌ा	भ	आ	म
ल	ह	इ	त	ह	ख	म	◌ा	व	ह	इ	ग	ज	अ	आ	न
न	म	द	ढ	इ	ढ	ञ	द	◌ै	ब	ज	◌ं	ग	ल	◌ी	त
ध	स	ट	ऊ	च	ञ	त	र	आ	त	घ	ग	फ	छ	आ	छ

जानवरों
जूते
डेरा डालना
नक्शा
जलवायु
पानी
चट्टान
थक गया
गाइड
भारी
मौसम
पहाड़
प्रकृति
अभिविन्यास
पार्क
पत्थर
तैयारी
जंगली
सूर्य
शिखर सम्मेलन

56 - Nutrition

न	ञ	फ	ञ	र	ह	व	प	व	क	ख	ढ	य	स	प	छ
ण	ह	थ	भ	आ	ह	◌ा	र	ल	द	◌ि	ढ	य	थ	इ	श
ह	ड	त	आ	◌ू	ल	◌़	च	ध	व	घ	ण	द	स	ए	ठ
फ	म	च	स	फ	ख	ड	च	ऊ	◌ा	◌ि	ग	◌्	◌्	य	न
ह	ह	उ	छ	इ	ए	क	थ	ड़	◌्	ठ	ष	◌ा	व	प	य
द	ए	भ	त	ल	◌ि	त	◌ु	◌ं	स	इ	घ	ख	◌्	न	द
य	ऊ	ट	च	◌े	च	द	र	◌ी	ग	◌्	म	◌ा	स	ट	ग
ष	थ	र	◌्	◌ा	द	प	ल	र	त	भ	प	ड	च	◌ी	◌ु
ण	ल	◌ी	ट	स	ए	र	च	ख	ण	ग	छ	आ	ट	र	ण
थ	म	ल	व	म	श	ञ	ऊ	फ	ब	व	श	छ	न	◌ो	व
ञ	ष	◌ो	◌ि	उ	फ	व	व	ञ	ट	ग	ञ	ढ	◌ी	◌्	त
ट	ण	◌ै	ट	ध	ऊ	फ	छ	न	च	ब	ग	स	य	प	◌्
ए	ब	क	◌ा	स	य	थ	◌्	स	◌्	व	◌ा	◌्	स	ऊ	त
च	म	ऊ	म	च	उ	त	उ	भ	छ	ज	फ	प	ध	र	◌ा
ख	ब	ञ	◌ि	छ	ञ	आ	द	च	त	न	च	◌ा	प	य	र
म	घ	ठ	न	य	ट	श	भ	ध	य	ड	ष	त	व	उ	थ

कड़वा
भूख
कैलोरी
खाद्य
आहार
पाचन
मसाले
संतुलित
किण्वन
सामग्री
तरल पदाथ
वजन
प्रोटीन
गुणवत्ता
स्वस्थ
स्वास्थ्य
चटनी
स्वाद
विष
विटामिन

57 - Créativité

छ	थ	इ	आ	ट	थ	ए	ढ	च	श	ध	इ	ह	छ	ध	च
श	ह	फ	ग	ए	ण	◌ॅ	ट	इ	ञ	च	ञ	ह	ह	व	त
स	ण	भ	र	थ	व	न	र	म	ड	न	घ	उ	र	प	◌ि
प	◌्	र	◌े	र	ण	◌ा	ट	द	ड	न	ट	ग	व	◌्	क
ल	आ	ब	ञ	ग	द	व	ञ	न	ट	ष	ए	छ	◌ि	र	◌्
आ	ण	श	ऊ	ब	द	◌ा	ए	भ	ख	ऊ	ऊ	न	च	◌ा	य
न	श	◌्	र	द	ट	भ	स	क	उ	ट	ण	ख	◌ा	म	व
त	◌ा	र	व	◌्	◌ी	त	◌्	◌ौ	ण	ह	ष	ऊ	र	◌ा	◌्
ञ	त	ट	प	ए	र	ण	प	श	स	ण	स	ए	◌ो	ण	◌ि
घ	ल	घ	क	छ	◌ा	प	ष	ल	द	ह	ल	भ	◌ं	◌ि	भ
च	र	ऊ	भ	◌ी	प	न	◌्	त	ढ	म	ज	ब	ह	क	अ
च	त	ढ	च	इ	य	◌ा	ट	ट	न	न	ह	ब	ष	त	ह
स	न	स	न	◌ी	न	प	त	र	ख	ढ	स	छ	◌ो	◌ा	छ
ण	उ	उ	क	म	त	◌्	◌ा	ल	क	म	ठ	ढ	ध	ध	ख
त	द	ख	श	ऊ	ध	ल	ज	◌ी	व	न	श	क	◌्	त	◌ि
ष	ए	ल	श	◌ी	र	क	◌ा	ष	◌्	◌ि	व	आ	ब	ख	छ

कलात्मक
प्रामाणिकता
स्पष्टता
कौशल
नाटकीय
अभिव्यक्ति
भावनाएँ
तरलता
विचारों
छवि

कल्पना
छाप
प्रेरणा
तीव्रता
सहज बोध
आविष्कारशील
सनसनी
सहज
दर्शन
जीवन शक्ति

58 - Science Fiction

द	◌ु	न	◌ि	य	◌ा	इ	ञ	ऊ	त	म	प	ञ	आ	इ	व
च	ठ	ठ	न	उ	ग	ढ	व	ध	इ	य	◌्	घ	क	श	आ
र	◌ो	ब	◌ो	ट	फ	◌ो	स	◌्	◌ि	व	र	न	◌ा	छ	भ
ण	ऊ	ह	ध	छ	उ	श	ष	च	य	ष	◌ौ	ह	श	इ	इ
श	◌ु	प	र	◌ि	द	◌ृ	श	◌्	य	त	द	ऊ	व	स	घ
च	श	◌ा	न	द	◌ा	र	छ	ऊ	आ	छ	◌्	उ	◌ा	ध	ड
छ	भ	य	म	य	◌्	स	ह	र	क	स	य	द	ण	क	ण
ट	व	ण	र	र	द	च	ट	छ	◌ा	◌ि	◌ो	फ	◌ी	ल	ढ
द	ह	ध	◌्	क	प	ऊ	श	च	श	न	ग	आ	ग	◌ो	ध
प	छ	च	भ	प	◌ा	श	थ	इ	ग	◌े	◌ि	ण	ऊ	श	ग
ठ	ह	र	घ	ञ	ट	ल	ट	द	◌ं	म	क	च	ब	◌्	व
इ	ण	म	र	छ	ग	ढ	◌्	प	ग	◌ा	◌ी	ग	◌्	र	ह
ग	क	◌े	◌ं	त	स	◌्	◌ु	प	◌ा	ट	उ	ट	ञ	द	ध
ब	ग	ष	ञ	छ	ल	थ	ढ	ट	न	भ	द	प	ण	आ	आ
आ	श	न	ग	क	ट	◌ि	स	◌्	र	◌ि	च	य	◌ू	◌्	फ
य	थ	◌ा	र	◌्	थ	व	◌ा	द	◌ौ	ठ	क	ब	च	ह	श

परमाणु
सिनेमा
विस्फोट
चरम
शानदार
आग
फ्यूचरिस्टिक
आकाशगंगा
भ्रम
काल्पनिक
पुस्तकें
दुनिया
रहस्यमय
आकाशवाणी
ग्रह
यथार्थवादी
रोबोट
परिदृश्य
प्रौद्योगिकी
आदर्शलोक

59 - Professions #1

प	उ	द	ज	◌ौ	ह	र	◌ी	र	क	◌ा	त	ग	◌ी	◌ं	स
श	फ	ऊ	◌़	ठ	ग	क	द	व	◌ा	न	◌ो	य	◌ा	◌ि	प
◌ु	म	आ	◌ा	द	ग	◌ं	त	थ	द	ज	ञ	र	ख	न	न
च	ण	य	स	ग	थ	◌ै	उ	छ	इ	ब	द	स	ट	न	न
◌ि	ष	म	ल	म	आ	ब	ऊ	द	ध	आ	ठ	◌ू	छ	भ	द
क	भ	ध	न	क	न	◌ि	ञ	◌ा	ज	◌्	◌ै	व	त	श	प
◌ि	आ	फ	ण	थ	च	◌ो	श	◌ि	क	◌ा	र	◌ी	क	◌ो	च
त	ग	◌ा	द	ध	◌ि	म	व	न	ह	द	फ	घ	द	भ	ड
◌्	च	य	ल	◌ी	क	व	प	◌ै	र	श	ऊ	य	प	म	च
स	ष	र	म	फ	◌ि	ब	व	ठ	ज	◌्	श	ण	◌ा	ञ	थ
क	न	फ	भ	य	त	व	ध	उ	ष	◌्	त	ट	◌ं	इ	ध
र	क	◌ा	र	त	◌्	च	◌ि	न	◌ा	म	ञ	क	स	ब	ष
ध	प	इ	इ	ट	स	◌्	र	न	ब	ढ	व	◌ा	◌ी	ख	ह
छ	भ	ट	व	ढ	क	ट	न	छ	ऊ	स	ण	ब	न	फ	आ
प	त	र	भ	◌ू	व	◌ि	ज	◌्	ञ	◌ा	न	◌ी	छ	◌ि	व
ख	ग	◌ो	ल	व	◌ि	ज	◌्	ञ	◌ा	न	◌ी	र	ढ	आ	क

राजदूत
खगोल विज्ञानी
वकील
बैंकर
जौहरी
मानचित्रकार
शिकारी
नर्तकी
कोच
संपादक
भूवैज्ञानी
नर्स
चिकित्सक
संगीतकार
पियानोवादक
नलसाज़
फायर फाइटर
मनोवैज्ञानिक
वैज्ञानिक
पशु चिकित्सक

60 - Géologie

छ	ख	म	फ	त	म	प	श	प	आ	ख	थ	श	न	थ	श
व	थ	ब	थ	च	थ	व	◌ि	प	उ	च	उ	य	य	ख	फ
च	क	◌्	र	ध	ल	◌ी	च	घ	प	द	म	◌ू	◌ं	ग	◌ा
ख	न	◌ि	ज	फ	भ	द	च	श	ल	ठ	उ	ष	क	क	◌ु
ऊ	क	◌्	व	◌ा	र	◌्	ट	◌्	ज	◌ा	◌ा	भ	ट	◌ै	ग
ड	म	म	थ	ठ	थ	◌ा	ट	ज	ह	ख	ह	र	◌ा	ल	व
प	र	त	न	घ	◌्	ह	◌ि	◌्	च	प	त	◌ु	व	◌्	स
ए	स	◌ि	ड	द	त	म	क	व	श	स	व	ष	आ	श	ग
घ	स	ठ	थ	च	प	श	◌्	◌ा	य	ल	य	ष	छ	◌ि	ढ
ञ	र	प	ड	ह	ध	◌्	ल	ल	ड	ढ	ख	घ	उ	य	म
श	त	फ	न	ष	ड	व	◌े	◌ा	फ	ञ	च	र	ल	म	आ
इ	◌्	ए	म	ए	न	◌ा	ट	म	ल	ग	द	स	र	इ	ढ
ल	ष	च	ग	ए	ड	◌ी	◌ै	◌ु	◌ा	छ	ल	ग	आ	थ	ट
फ	◌े	श	ट	स	द	ज	◌्	ख	व	च	आ	य	द	म	ख
य	◌्	स	न	च	र	थ	स	◌ी	◌ा	ढ	ए	ल	ह	फ	इ
प	क	◌्	र	◌ि	स	◌्	ट	ल	ञ	उ	न	ख	फ	त	ड

एसिड
कैल्शियम
गुफा
महाद्वीप
मूंगा
परत
क्रिस्टल
चक्र
कटाव
पिघला हुआ
जीवाश्म
लावा
खनिज
पत्थर
पठार
क्वार्ट्ज
नमक
स्टैलेक्टिट
ज्वालामुखी
क्षेत्र

61 - Jardin

र	स	ष	श	ठ	थ	ण	ट	य	स	ड	स	ट	ड	ध	ण
ष	ख	ल	घ	ड	य	छ	◌्	फ	◌ा	व	ड	◌़	◌ा	ब	च
ञ	ष	ह	भ	फ	प	ल	र	भ	घ	ट	ब	र	ञ	इ	उ
य	र	छ	श	ए	ड	◌़	◌े	प	र	ए	◌े	ञ	त	ख	ढ
आ	ब	◌े	◌ं	च	द	◌ा	म	◌ा	र	ब	ल	ट	य	न	ढ
ए	ण	आ	स	य	ण	आ	◌्	ट	व	न	त	ए	ठ	ञ	ञ
ड	ध	ग	व	ग	य	भ	प	ब	च	फ	म	ए	म	ए	न
च	ञ	ञ	ज	ल	य	य	◌ो	य	ग	ट	ढ	फ	ध	च	इ
ड	ञ	ड	व	र	◌े	क	ल	◌ू	फ	ब	द	द	म	श	न
न	ड	म	श	ध	◌े	ड	◌ि	ब	घ	ट	य	ठ	ऊ	त	ऊ
इ	ब	◌ु	श	आ	आ	◌ै	न	◌ॉ	ल	ल	उ	व	छ	म	इ
ख	छ	ट	फ	ण	ध	ब	ग	◌ी	च	◌ा	फ	ड	ठ	त	ण
छ	इ	ञ	स	ष	ऊ	म	ध	ल	त	◌ू	◌ा	ए	ल	◌ा	ण
फ	ल	◌ो	द	◌्	य	◌ा	न	न	च	झ	उ	त	प	म	ष
ध	त	ख	ख	थ	ण	छ	फ	थ	ण	ए	ह	ब	च	द	ञ
ऊ	ह	ञ	ल	ञ	ब	◌ा	ड	◌़	य	ल	उ	श	ब	इ	र

पेड़
बेंच
बुश
बाड़
तालाब
फूल
गैरेज
झूला
घास
बगीचा
मातम
फावड़ा
लॉन
बरामदा
रेक
छत
ट्रेम्पोलिन
नली
फलोद्यान
बेल

62 - Santé et Bien Être #1

ह	ट	व	आ	छ	य	छ	उ	व	◌ा	इ	र	स	ल	भ	ध
र	श	त	ट	त	ण	ख	ट	ष	उ	त	भ	ध	स	◌ं	ल
उ	ठ	च	ि◌	क	ि◌	त	◌्	स	◌ा	प	श	इ	◌ी	ग	य
भ	◌ू	ख	न	प	स	भ	व	थ	भ	ड	च	घ	म	त	ख
प	ध	थ	ऊ	ट	ट	ऊ	फ	ह	थ	ऊ	त	◌ा	◌े	र	फ
ण	ऊ	य	◌ो	◌ं	श	ि◌	प	◌े	स	◌ं	◌ा	म	र	स	ख
ध	प	उ	व	उ	त	ब	भ	छ	प	च	च	र	◌्	द	थ
ए	छ	घ	य	य	र	ि◌	◌्	क	स	◌ा	ए	ए	◌ा	र	थ
य	थ	न	म	◌ो	र	◌्	◌ा	ह	ण	ई	क	र	फ	ब	ल
द	ल	ध	त	◌ं	ड	न	प	त	ब	ट	◌्	आ	च	◌ो	ट
प	व	च	स	ड	व	य	ड	थ	ऊ	उ	ल	द	छ	त	ञ
ध	य	◌ा	र	ि◌	ट	◌ी	क	◌्	◌ै	ब	ि◌	त	ष	उ	य
ग	ष	व	म	◌्	ल	ऊ	घ	ट	फ	ह	न	प	ल	ट	◌ा
म	ढ	◌्	श	ड	ट	आ	ड	ए	र	ठ	ि◌	ख	ध	ब	उ
ठ	द	त	त	ह	ग	ख	स	ल	प	ध	क	द	ध	ख	य
च	ि◌	क	ि◌	त	◌्	स	क	न	ढ	ध	ब	व	घ	ह	ब

सक्रिय
बैक्टीरिया
चोट
क्लिनिक
भूख
भंग
आदत
ऊंचाई
हार्मोन
चिकित्सक
दवा
मांसपेशियों
हड्डियों
त्वचा
फार्मेसी
आसन
पलटा
चिकित्सा
उपचार
वाइरस

63 - Barbecues

च	◌े	◌्	च	ब	आ	ञ	ड	न	ल	ट	ण	इ	र	च	म
◌ा	द	ख	फ	उ	उ	त	य	इ	न	ञ	श	र	स	ण	◌ि
क	◌ा	◌ो	ल	थ	न	स	ग	ए	भ	ग	म	श	ठ	ध	र
◌ू	ल	ख	प	ए	च	ट	न	◌ी	ग	र	◌्	म	◌ी	ऊ	◌्
ए	स	ऊ	◌े	ह	ल	फ	य	◌ा	◌ं	ज	◌ि	◌्	ब	स	च
ड	ञ	ब	ढ	ल	र	छ	ट	आ	प	स	घ	ग	स	व	ए
ठ	प	ऊ	च	ण	◌ि	क	ट	म	◌ा	ट	र	घ	भ	न	ग
ह	य	ञ	इ	थ	◌्	थ	◌ा	आ	ख	ण	ष	ख	ष	व	ग
ठ	द	न	ब	फ	ग	ख	◌ू	भ	ह	प	स	च	उ	व	छ
ऊ	ए	ठ	र	ड	ड	उ	ड	ख	◌ो	ध	स	ष	य	इ	ष
य	न	ए	न	म	क	ढ	र	ण	प	ज	य	◌ा	◌्	प	ध
उ	ह	प	क	न	स	ढ	थ	र	च	आ	न	ख	ए	इ	आ
आ	ढ	श	◌ि	त	ऊ	ह	ण	घ	ब	व	ठ	भ	ञ	छ	ट
ध	ए	स	च	आ	भ	ड	ढ	ष	ए	त	द	फ	ए	छ	ड
ऊ	ष	व	ग	र	म	प	र	◌ि	व	◌ा	र	ण	आ	ट	ट
र	◌ा	त	क	◌ा	ख	◌ा	न	◌ा	ड	घ	घ	श	थ	व	ट

गरम
चाकू
दोपहर का भोजन
रात का खाना
बच्चे
गर्मी
भूख
परिवार
फल
ग्रिल
खेल
सब्जियां
संगीत
प्याज
मिर्च
चिकन
सलाद
चटनी
नमक
टमाटर

64 - Forêt Tropicale

म	◌ू	ल	◌्	य	व	◌ा	न	व	स	ट	स	य	म	ष	घ
च	र	व	म	प	द	ड	च	◌ा	◌्	ब	ह	◌ा	ल	◌ी	म
थ	ण	थ	छ	ध	र	इ	उ	न	त	घ	य	ठ	ठ	◌्	उ
फ	ड	ढ	छ	ठ	फ	ग	ष	स	न	◌ा	ग	श	न	क	भ
ड	त	प	ञ	त	ग	इ	ण	◌्	ध	ध	ध	ण	ह	प	य
स	ढ	च	र	ड	आ	ह	न	प	◌ा	श	फ	व	भ	ञ	च
य	ञ	स	त	◌़	छ	द	घ	त	र	ब	ए	ध	◌ि	ब	र
स	◌्	व	द	◌े	श	◌ी	र	◌ि	◌ी	म	ह	फ	ष	◌ि	य
उ	र	ढ	उ	◌ी	ड	आ	ब	क	ष	ज	ध	ग	ख	ग	व
ल	उ	ग	ण	क	य	◌ु	◌ा	व	ल	ज	◌ं	य	छ	द	च
उ	व	इ	ऊ	ढ	द	र	द	ल	ठ	ग	म	ग	म	ड	त
ब	ण	घ	त	उ	◌ा	घ	ल	स	प	स	थ	स	ल	फ	य
स	ण	थ	ट	ध	◌ु	ण	ष	क	◌्	र	◌ं	स	घ	त	श
ग	ट	ग	न	ञ	म	र	फ	◌ा	प	◌्	र	क	◌ृ	त	◌ि
ए	ष	ष	भ	ष	स	श	श	ई	ऊ	इ	ऊ	ल	ष	इ	आ
प	◌्	र	ज	◌ा	त	◌ि	य	◌ा	◌ं	घ	ठ	व	ल	त	प

उभयचर
वानस्पतिक
जलवायु
समुदाय
विविधता
प्रजातियां
स्वदेशी
कीड़े
जंगल
स्तनधारी
काई
प्रकृति
बादल
पक्षी
मूल्यवान
संरक्षण
शरण
आदर
बहाली

65 - Ferme #1

ख	◌े	त	घ	ट	प	च	आ	फ	य	न	ऊ	ष	ञ	ब	छ
भ	आ	ठ	स	द	ठ	ष	ख	थ	ख	ट	म	ष	श	छ	श
ल	न	द	ख	ढ	ऊ	फ	ह	घ	य	च	ड	ख	न	ड	म
ण	र	फ	ड	ष	ल	व	उ	त	ष	ट	◌ि	◌ी	ष	◌़	ड
ख	ट	प	ग	व	द	च	च	न	ग	ख	ट	क	श	◌ा	ब
च	त	त	च	य	स	ख	स	ष	ड	ग	थ	◌्	न	र	द
ह	म	ढ	ड	ग	◌ा	य	ख	ल	◌़	ध	इ	म	◌ी	ब	ब
झ	◌ु	◌ं	ड	क	◌ु	त	◌्	त	◌ा	◌ा	च	◌ु	◌ा	ल	घ
श	आ	ऊ	◌़	◌ी	र	क	ब	त	◌ो	श	फ	ध	प	ड	ध
घ	य	स	◌ा	घ	उ	व	घ	स	घ	ह	ञ	म	ब	ए	ध
इ	ण	फ	ब	ल	◌ी	ल	◌्	◌ि	ब	द	ख	घ	ह	ऊ	ञ
ढ	व	ह	च	व	आ	ठ	ञ	र	ञ	ठ	न	ए	ण	उ	छ
क	ध	आ	भ	◌ा	क	◌ृ	ष	◌ि	उ	श	ध	घ	छ	ञ	र
ञ	◌ौ	म	आ	च	भ	उ	इ	ष	ञ	ण	ढ	ऊ	छ	ब	फ
घ	न	आ	ह	उ	ठ	ण	ण	फ	ड	स	◌ू	अ	र	प	च
इ	ञ	स	द	छ	ड	फ	ढ	ए	फ	ञ	ग	व	म	ट	ड

मधुमक्खी
कृषि
गधा
खेत
बिल्ली
घोड़ा
बकरी
कुत्ता
बाड़
सूअर
कौआ
पानी
उर्वरक
घास
शहद
चिकन
चावल
झुंड
गाय
बछड़ा

66 - Café

भ	उ	ख	श	घ	भ	उ	छ	उ	र	छ	च	ग	म	र	ठ
क	◌ै	फ	◌ी	न	◌ु	स	छ	र	द	घ	इ	छ	ड	ठ	ख
म	ट	थ	ध	ह	न	ढ	ब	ए	ह	द	व	◌ा	◌्	स	आ
ऊ	ल	ए	च	स	◌ा	म	घ	स	ब	श	छ	न	ह	य	ष
इ	र	◌ा	च	च	ह	◌ू	आ	त	◌ु	स	फ	न	प	ल	ए
द	त	य	ई	द	◌ु	ल	ढ	थ	स	ग	इ	◌ा	◌ी	घ	ग
त	क	◌े	ए	ढ	आ	थ	ध	इ	ब	ढ	◌ं	व	स	श	ए
ल	भ	प	व	◌ि	व	◌ि	ध	त	◌ा	ध	उ	ध	◌ू	द	ञ
ख	ऊ	छ	आ	ल	उ	ठ	छ	ऊ	ख	ह	छ	ध	ट	ग	फ
घ	घ	ट	ब	ए	ब	ढ	ग	ण	ढ	द	इ	ष	प	य	घ
प	◌ा	न	◌ी	भ	ह	ल	ऊ	च	न	भ	श	त	ल	ऊ	स
ड	व	ह	ण	श	श	प	ऊ	ण	न	व	ऊ	ट	छ	क	घ
फ	ल	ल	स	फ	व	उ	क	आ	ह	ध	व	ट	आ	ड	त
च	◌ी	न	◌ी	ञ	य	ल	◌ी	◌्	म	अ	छ	उ	ह	◌़	ञ
ठ	इ	व	ष	प	छ	ग	म	छ	त	फ	ख	न	ढ	व	घ
य	न	क	◌ा	ल	◌ा	ड	त	ठ	ह	प	आ	छ	ख	◌ा	ञ

अम्लीय
कड़वा
सुगंध
पेय
कैफीन
मलाई
पानी
छानना
दूध
तरल
सुबह
पीस
काला
मूल
कीमत
भुना हुआ
स्वाद
चीनी
कप
विविधता

67 - Antarctique

न	अ	आ	द	ञ	द	त	ब	ढ	व	◌्	ह	◌े	ल	प	र
म	न	भ	व	◌ै	ज	◌्	ञ	◌ा	न	ि◌	क	द	य	र	ट
◌ा	त	प	ि◌	ट	स	घ	भ	य	ब	द	थ	ह	ब	◌्	च
प	ि◌	य	थ	य	व	ढ	भ	भ	ख	न	उ	प	उ	य	छ
◌ा	क	ध	ल	ल	◌ा	◌ी	र	थ	प	व	ह	द	ञ	◌ा	स
त	◌ृ	◌्	आ	थ	र	न	घ	ड	ए	न	म	ट	ड	व	◌ं
◌ा	ल	ध	ष	द	◌्	भ	थ	ल	ठ	न	◌े	ध	म	र	र
र	◌ा	आ	आ	◌ी	प	य	इ	ग	भ	उ	ब	ग	भ	ण	क
◌्	थ	त	आ	प	ऊ	ल	ढ	◌ो	उ	घ	ञ	र	ह	ट	◌्
क	◌्	ढ	ढ	◌ा	ड	ह	म	◌ू	स	प	व	◌ी	◌्	द	ष
ध	स	ब	द	न	म	ि◌	ह	भ	इ	श	ब	इ	प	फ	ण
◌ो	इ	थ	ब	◌ी	प	◌्	र	◌ा	य	द	◌्	व	◌ी	प	ठ
श	ल	ञ	ए	ब	ऊ	ध	ट	ण	ल	घ	ट	ठ	ढ	ट	ध
ब	म	ह	◌ा	द	◌्	व	◌ी	प	ख	न	ि◌	ज	य	स	भ
प	ह	फ	ब	र	ध	ए	व	ल	ड	प	श	थ	ह	उ	ष
न	उ	न	थ	थ	न	ह	ख	भ	भ	आ	त	त	य	ल	ऊ

बे
व्हेल
शोधकर्ता
संरक्षण
महाद्वीप
पानी
पर्यावरण
अभियान
भूगोल
बर्फ
हिमनद
द्वीप समूह
प्रवास
खनिज
पक्षी
प्रायद्वीप
पथरीला
वैज्ञानिक
तापमान
स्थलाकृति

68 - Professions #2

द	◌ा	र	◌्	श	न	◌ि	क	ठ	आ	श	ल	फ	म	द	ज
च	◌ि	त	◌्	र	क	◌ा	र	ध	व	न	◌ा	◌ो	व	◌ं	◌ू
श	◌ि	क	◌्	ष	क	ष	फ	आ	◌ि	ब	इ	ट	ज	त	ल
उ	फ	स	ज	◌ी	र	ट	य	ध	ष	आ	ब	◌ो	◌ी	च	◌ॉ
उ	प	त	◌ा	भ	ऊ	ड	ल	य	◌्	र	◌्	ग	व	◌ि	ज
ग	त	◌्	स	◌ा	य	ष	◌ी	य	क	म	र	◌्	व	क	◌ि
ल	◌्	क	◌ू	◌ु	ष	ऊ	◌ा	भ	◌ा	भ	◌े	र	◌ि	◌ि	स
त	र	◌ि	स	ह	य	ल	म	ट	र	प	र	◌ा	ज	त	◌्
ए	क	◌ि	ण	ब	स	थ	ऊ	ग	क	इ	◌ि	फ	◌्	◌्	ट
ण	◌ा	च	अ	न	◌्	व	◌े	ष	क	◌ं	य	र	ञ	स	ख
थ	र	छ	म	ञ	ए	थ	ऊ	ट	त	ज	न	छ	◌ा	क	प
ह	स	ठ	ऊ	ह	घ	त	ट	भ	ण	◌ी	स	ण	न	छ	श
प	घ	ब	श	ऊ	घ	ग	ड	आ	इ	न	ध	र	◌ी	ञ	ख
इ	ल	स	◌्	ट	◌्	र	◌े	ट	र	◌ि	म	च	◌्	घ	ञ
द	ण	आ	ग	स	स	त	घ	ड	त	य	ए	इ	ञ	ज	इ
ड	ञ	श	◌ो	ध	क	र	◌्	त	◌ा	र	ऊ	ढ	ध	छ	न

लाइब्रेरियन
जीवविज्ञानी
शोधकर्ता
सर्जन
दंत चिकित्सक
जासूस
अन्वेषक
शिक्षक
इलस्ट्रेटर
इंजीनियर
आविष्कारक
माली
पत्रकार
बहुभाषी
चिकित्सक
चित्रकार
दार्शनिक
फोटोग्राफर
पायलट
जूलॉजिस्ट

69 - Les Abeilles

फ	आ	ऊ	ह	व	ह	व	ड	ठ	म	र	ढ	म	ऊ	ठ	श
च	ल	ञ	ष	◌ि	ऊ	ठ	ऊ	च	आ	ट	त	न	ठ	ग	ट
स	ठ	द	ठ	व	श	ल	र	ष	इ	त	ण	ठ	ध	आ	घ
द	ऊ	त	च	◌ि	ह	उ	न	थ	ए	ञ	प	ल	आ	प	श
ध	आ	◌ँ	◌ु	ध	द	र	◌ा	न	◌ी	च	ब	ग	◌ी	च	◌ा
◌े	ब	घ	म	त	◌ा	◌्	त	छ	ठ	ऊ	स	ब	ष	ण	व
◌ौ	स	ल	ग	◌ा	र	प	ब	ब	ऊ	ऊ	◌ू	व	ण	श	य
प	र	◌ा	ग	ण	क	झ	ध	भ	श	ञ	र	ऊ	ड	भ	छ
प	◌ी	क	◌ी	ट	ष	◌ु	थ	ड	◌ो	इ	◌्	फ	ण	य	ख
◌ं	क	ह	ए	फ	च	◌ं	स	श	फ	ज	य	ष	ल	ञ	आ
ख	◌ा	द	उ	य	ञ	ड	ग	ट	छ	ल	न	◌ा	ल	◌ि	ख
म	भ	ञ	न	थ	द	ठ	र	व	ह	◌ू	ष	ठ	स	प	व
छ	◌ा	म	व	त	य	ग	ब	द	इ	फ	व	श	र	ञ	प
आ	ल	व	◌ो	ग	ष	ठ	घ	म	ट	भ	ल	फ	ग	व	छ
र	ड	आ	ठ	म	द	ढ	द	ध	ढ	प	फ	ग	भ	थ	फ
थ	थ	उ	ह	ब	ह	ञ	द	ञ	ग	घ	व	ष	आ	थ	ख

पंख
लाभकारी
मोम
विविधता
झुंड
खिलना
फूल
फल
धुआँ
कीट
बगीचा
शहद
भोजन
पौधे
पराग
परागणक
रानी
छत्ता
सूर्य

70 - Santé et Bien Être #2

श	ण	य	थ	ड	न	◌ा	च	र	र	◌ी	र	श	फ	घ	स
द	भ	ट	आ	न	म	◌ि	ट	◌ा	◌ि	व	म	उ	ढ	म	◌्
च	य	व	इ	च	ग	◌ो	र	ह	छ	त	ञ	ठ	ढ	उ	व
अ	स	◌्	प	त	◌ा	ल	प	◌्	स	र	◌ी	र	श	ह	स
थ	त	ष	ण	र	य	त	च	ल	ज	◌ी	◌्	र	ल	ए	◌्
भ	◌ू	ख	इ	ष	क	आ	भ	श	त	ल	इ	य	◌ि	आ	थ
घ	व	ञ	द	व	◌ो	◌्	भ	व	◌ा	◌ो	◌ी	र	◌ा	श	उ
ए	उ	य	त	स	श	ब	त	घ	छ	◌ै	ख	क	म	घ	ऊ
च	य	ह	द	◌ू	◌ि	ए	न	च	च	क	ञ	न	र	य	र
ए	ढ	उ	ध	ल	व	स	◌ं	क	◌्	र	म	ण	प	ण	◌्
फ	म	भ	ढ	◌ी	◌ं	य	र	ष	व	व	◌ा	न	त	घ	ज
ठ	छ	व	ब	ट	◌ु	घ	र	ल	◌्	ए	ज	र	ञ	व	◌ा
ट	घ	व	थ	घ	न	उ	द	आ	स	इ	च	न	इ	ग	घ
प	घ	ष	इ	न	आ	त	इ	द	फ	इ	ध	ठ	ष	ए	र
त	ल	ग	ब	उ	ग	व	ष	न	ए	भ	स	ढ	ड	ड	ढ
उ	त	स	ए	ग	य	द	उ	ध	ट	प	◌ो	ष	ण	ह	उ

एलर्जी
शरीर रचना
भूख
कैलोरी
शरीर
निर्जलीकरण
ऊर्जा
आनुवंशिकी
अस्पताल
स्वच्छता
संक्रमण
रोग
मालिश
पोषण
वजन
वसूली
स्वस्थ
रक्त
तनाव
विटामिन

71 - Conduite

व	ब	उ	म	ल	फ	थ	य	ग	म	ए	आ	ष	ल	र	प
स	ण	त	ञ	च	छ	र	ल	स	◌ो	ल	छ	उ	आ	थ	◌ु
स	ञ	फ	श	ए	छ	भ	न	ड	ट	द	व	द	ह	ब	ल
इ	आ	ष	द	ष	इ	त	च	◌़	र	ट	◌ो	म	ड	ग	◌ि
द	स	◌ु	र	क	◌्	ष	◌ा	क	स	य	ग	◌ै	स	ब	स
श	◌ु	ठ	म	ठ	म	ट	फ	र	◌ा	क	◌ा	र	आ	इ	च
छ	न	र	छ	आ	इ	ट	य	◌े	इ	ए	र	इ	ह	छ	ण
उ	क	ह	◌्	ख	त	र	◌ा	◌्	क	र	◌्	ट	छ	इ	स
त	◌्	ह	स	घ	द	ऊ	ल	ब	◌ि	ठ	आ	न	ध	◌ं	ई
फ	श	द	श	न	ट	ण	ऊ	ऊ	ल	ग	ण	ह	ख	र	श
ग	◌ा	थ	व	प	स	न	ट	ञ	श	र	त	व	ठ	त	ह
ड	◌ै	ष	ख	आ	स	द	◌ा	त	त	◌ं	उ	◌ि	ब	न	ष
ध	ष	र	य	◌ा	त	◌ा	य	◌ा	त	◌ु	ठ	र	फ	ए	ए
फ	ख	ग	◌े	च	य	ध	ण	आ	स	स	थ	प	श	ह	ढ
श	भ	त	छ	ज	प	◌ै	द	ल	य	◌ा	त	◌्	र	◌ो	ण
थ	ढ	ध	छ	ल	◌ा	इ	स	◌े	◌ं	स	ए	ष	ष	इ	ड

दुर्घटना
ट्रक
ईंधन
नक्शा
खतरा
ब्रेक
गैरेज
गैस
लाइसेंस
मोटर
मोटरसाइकिल
पैदल यात्री
पुलिस
सड़क
सुरक्षा
यातायात
परिवहन
सुरंग
गति
कार

72 - Plantes

उ	य	म	ध	ट	च	ब	ब	ण	आ	न	स	क	ए	आ	य
ठ	ध	ब	न	ल	ई	◌ा	क	◌े	च	ऊ	च	◌ै	व	व	थ
भ	घ	ष	ल	त	स	◌ं	◌ी	ड	र	ध	आ	क	ख	आ	न
ञ	इ	ष	द	श	प	स	ष	ग	र	◌ी	ग	◌्	ञ	थ	ध
र	ख	ण	म	र	न	◌ा	◌़	ढ	ब	प	न	ट	म	इ	ब
ज	ड	◌़	श	ख	घ	आ	ख	प	ध	त	ष	स	ए	ध	◌ु
ह	श	ड	उ	र	◌्	व	र	क	भ	◌्	थ	य	ष	इ	श
घ	थ	ल	ध	त	ए	आ	इ	व	◌ी	त	◌ी	◌्	त	प	ए
घ	◌ा	स	फ	उ	आ	ष	च	ड	◌़	◌े	प	य	ञ	ठ	श
ष	न	च	◌ू	व	न	स	◌्	प	त	◌ि	द	ठ	र	त	ञ
च	त	ग	ल	न	ए	छ	ह	ऊ	प	फ	प	ह	ख	य	प
ब	च	य	ए	स	उ	ण	प	ब	ह	ध	स	ग	य	ह	प
ह	फ	ढ	ठ	ढ	ल	थ	ड	ब	प	ष	न	र	थ	ठ	ह
ब	ऊ	स	◌े	म	म	ग	ड	ऊ	ब	श	ल	थ	ह	स	भ
ष	ह	फ	भ	न	घ	ऊ	भ	द	ष	ट	प	च	छ	ट	ऊ
ह	ल	आ	इ	फ	ल	व	प	त	◌्	त	◌ा	ड	ह	च	आ

पेड़
बेरी
बांस
बुश
कैक्टस
उर्वरक
पत्ते
पत्ता
फूल
वन
बढ़ना
सेम
घास
बगीचा
आइवी
काई
पत्ती
जड़
तना
वनस्पति

73 - Ferme #2

ज	◌ौ	फ	ल	◌ो	द	◌्	य	◌ा	न	ग	य	स	भ	त	श
◌ी	ध	य	घ	ल	ध	द	म	न	ड	म	च	थ	ल	ट	स
◌्	ल	श	ठ	र	ग	ट	ग	क	ल	ठ	द	र	◌ा	ख	भ
ब	र	भ	ध	ष	ट	उ	इ	ट	◌ि	व	इ	◌ो	म	ल	◌े
स	ध	ब	ए	ञ	ढ	आ	ष	ठ	थ	स	ध	◌ं	◌ा	◌ि	ड
ग	र	ट	व	र	इ	द	ब	ण	ष	श	◌ा	व	ए	ह	◌़
द	श	ग	ग	◌े	ह	◌ू	◌ँ	ट	छ	द	ए	न	य	◌ा	आ
प	क	◌ा	ह	◌ु	आ	ऊ	घ	म	◌े	म	न	◌ा	ज	न	आ
फ	उ	य	ठ	ह	छ	ब	त	ख	फ	ट	ड	ज	म	◌ो	ष
घ	◌ा	स	क	◌ा	म	◌ै	द	◌ा	न	◌्	ब	ग	ब	च	भ
ग	आ	आ	न	ल	द	द	स	श	प	र	र	ऊ	फ	र	ऊ
श	ल	न	ए	द	द	◌ू	◌ि	व	श	◌ै	म	इ	द	व	छ
म	ढ	ऊ	प	र	ल	ध	◌ं	ढ	ष	क	घ	क	ग	◌ा	भ
य	ए	श	र	य	ख	ब	च	च	य	◌्	ष	घ	ई	ह	थ
न	च	श	न	ण	च	छ	◌ा	स	ण	ट	द	फ	र	◌ा	ट
फ	च	ड	र	र	द	ल	ई	उ	ऊ	र	द	ल	ण	म	फ

मेमना
किसान
जानवरों
चरवाहा
गेहूँ
बतख
फल
खलिहान
सिंचाई
दूध
लामा
सब्जी
मकई
भेड़
पका हुआ
भोजन
जौ
घास का मैदान
ट्रैक्टर
फलोद्यान

74 - Vacances #2

भ	छ	ए	म	इ	भ	ढ	त	छ	म	ण	छ	ए	ऊ	ह	ब
फ	त	फ	ट	ट	त	र	द	◌्	◌ु	म	स	ठ	त	ड	द
न	व	ह	आ	र	क	◌्	ष	ण	स	ट	म	ख	छ	◌े	◌्
र	च	य	◌ो	व	◌ि	द	◌े	श	◌ी	न	◌्	श	फ	र	व
इ	ह	ल	ञ	ट	फ	प	र	◌ि	व	ह	न	ट	ण	◌ा	◌ी
व	स	न	त	न	ल	ण	च	य	ट	न	न	ब	◌ी	ड	प
उ	◌ी	◌ा	व	क	इ	प	◌ा	स	प	◌ो	र	◌्	ट	◌ा	ह
ब	क	ज	श	◌्	स	म	◌ु	द	◌्	र	◌े	त	फ	ल	व
ण	◌्	◌ो	◌ा	श	त	◌ं	ब	◌ू	ध	◌ा	◌्	ख	न	न	◌ा
द	◌ै	भ	क	◌ा	फ	श	च	ञ	च	त	ट	प	ब	◌ा	ई
ण	ट	त	व	छ	ठ	न	य	फ	ए	◌्	ण	ञ	भ	त	अ
ब	उ	ञ	अ	फ	ऊ	न	ण	ऊ	ड	◌ा	इ	छ	च	ध	ड
ब	त	य	न	द	व	ह	ठ	थ	द	य	र	व	घ	घ	◌्
म	थ	ध	ण	भ	ट	य	ष	ग	◌ं	त	व	◌्	य	ण	ड
फ	ण	ट	ण	ख	छ	प	ध	आ	ल	ष	ष	प	ल	उ	◌ा
च	ए	च	ल	फ	न	भ	द	ध	प	द	त	ग	थ	ढ	ऊ

हवाई अड्डा
डेरा डालना
नक्शा
गंतव्य
विदेशी
होटल
द्वीप
अवकाश
समुद्र
पासपोर्ट
समुद्र तट
भोजनालय
आरक्षण
टैक्सी
तंबू
ट्रेन
परिवहन
छुट्टी
वीजा
यात्रा

75 - Éthique

ट	त	भ	आ	ह	ए	प	ध	भ	ढ	ह	इ	य	थ	ष	प
स	ह	य	◌ो	ग	त	ठ	आ	ष	ह	व	न	द	फ	य	ठ
ब	ड	म	ल	द	ब	म	आ	ग	द	य	◌ा	ल	◌ु	त	◌ा
ध	◌ु	अ	ख	◌ं	ड	त	◌ा	◌ौ	र	र	त	ई	ग	◌ा	प
र	य	द	व	ठ	न	◌ि	स	र	ञ	◌्	◌े	म	ढ	ल	र
आ	आ	व	◌्	◌्	ह	च	न	व	ञ	◌ै	च	◌ा	द	◌ी	◌ो
उ	ध	◌ा	ड	ध	य	उ	ढ	ड	ए	ध	द	न	न	श	प
द	त	◌ा	य	द	◌ि	क	च	न	इ	भ	व	द	व	न	क
ए	न	श	◌्	र	द	ट	◌्	ड	च	ध	◌ा	◌ा	म	ह	◌ा
म	◌ी	आ	र	ष	ष	ल	ढ	त	ग	प	थ	र	◌ा	स	र
ध	◌ि	ह	छ	◌ा	ए	ञ	ठ	ढ	◌ि	र	र	◌ी	न	ण	◌ि
ख	व	य	श	ढ	ज	ब	ल	ए	ब	व	◌्	ए	व	ल	त
र	छ	फ	व	श	ख	न	श	ख	ऊ	न	◌ा	ण	त	द	◌ा
ख	ड	म	त	प	ण	आ	य	च	श	व	थ	द	◌ा	स	ट
ख	थ	ण	म	◌ा	न	ढ	आ	◌ि	व	घ	य	च	म	ख	घ
ऊ	द	ब	ध	ख	ढ	छ	इ	ए	क	ञ	ऊ	ऊ	न	प	ख

परोपकारिता
दया
सहयोग
गौरव
राजनयिक
दयालुता
ईमानदारी
मानवता
व्यक्तिवाद
अखंडता
आशावाद
धैर्य
दर्शन
उचित
चेतना
विनीत
यथार्थवाद
बुद्धि
सहनशीलता
मान

76 - Temps

ण	य	ध	ठ	द	च	ठ	य	भ	थ	श	न	ड	छ	ञ	थ
श	ञ	ध	र	म	आ	उ	र	ल	आ	द	श	ऊ	श	ण	फ
ढ	र	स	ए	ड	ख	घ	ख	ष	फ	थ	र	ठ	आ	ण	ख
ण	व	ञ	ऊ	उ	स	र	ड	ल	◌े	◌ं	◌ै	क	इ	घ	र
इ	ए	स	द	ए	उ	द	छ	◌़	द	◌ो	प	ह	र	ख	ड
ण	फ	ऊ	ब	श	ष	व	ण	ठ	◌ी	द	श	आ	य	ख	घ
फ	छ	र	◌ा	ल	क	ष	च	ञ	य	व	थ	ऊ	श	ब	न
न	ण	ह	◌े	त	घ	त	ख	इ	अ	म	ह	◌ी	न	◌ा	इ
ष	भ	ल	क	ब	ग	◌ं	ग	ल	ब	व	त	न	स	श	स
ध	य	ख	उ	घ	श	च	ट	त	ण	ञ	◌ा	च	◌ु	छ	स
व	ष	त	थ	ढ	ढ	च	ठ	◌ा	फ	ध	◌्	ऊ	ब	ट	◌े
ह	◌्	ए	ष	ध	ण	च	स	र	न	उ	प	च	ह	ण	प
म	◌ि	न	ट	व	◌ा	र	◌्	ष	◌ि	क	स	ट	ठ	फ	ह
घ	व	ठ	ण	प	ठ	ह	ष	त	द	ण	त	स	आ	इ	ल
ए	भ	ज	ल	◌्	द	ह	◌ी	ह	घ	ष	र	द	ढ	ऊ	◌े
च	व	र	◌्	ष	त	ह	द	ऊ	उ	फ	ग	◌ी	ध	च	ग

वर्ष
वार्षिक
के बाद
इससे पहले
जल्द ही
कैलेंडर
दशक
भविष्य
घंटा
कल

घड़ी
दिन
अब
सुबह
दोपहर
मिनट
महीना
रात
सप्ताह
सदी

77 - Immigration

ब	◌ा	त	च	◌ी	त	आ	स	ह	प	आ	य	त	न	श	ष
व	ख	ल	भ	य	ज	◌ो	◌ं	व	◌े	त	◌ा	◌्	स	द	इ
आ	ख	प	ल	य	ध	ढ	च	ण	ह	भ	प	ब	श	इ	ष
र	ऊ	ठ	स	त	ड	छ	◌ा	ग	ड	व	न	च	◌ा	म	र
आ	द	श	ठ	भ	ट	ल	र	स	ण	ष	क	◌्	र	◌ं	स
व	◌ा	न	त	य	आ	ख	स	◌्	इ	◌ा	द	च	◌्	स	द
◌ा	स	ह	◌ा	य	त	◌ा	◌़	थ	ड	◌ा	व	◌े	प	◌ी	घ
स	भ	ञ	ह	◌ा	च	क	फ	◌ि	स	भ	उ	ट	र	म	भ
न	व	भ	ड	र	स	◌ा	अ	त	ञ	म	स	ख	प	◌ा	र
थ	अ	य	न	◌ि	फ	न	ट	◌ि	ए	ष	य	ब	र	ओ	ट
ड	न	उ	स	क	च	◌ू	ध	प	ड	ए	व	स	फ	◌ं	न
र	◌ु	द	ऊ	◌्	फ	न	ठ	◌ा	श	ह	स	ग	◌ी	ल	ह
य	म	ऊ	ञ	र	क	श	प	ढ	◌ा	ए	ब	द	थ	म	च
व	◌ो	ध	य	◌्	र	◌ो	छ	ह	घ	म	स	न	आ	य	◌ा
ख	द	ट	घ	प	ल	ट	◌ं	प	च	ण	स	च	उ	म	ढ
थ	न	ल	ष	ए	ग	द	ग	फ	व	ट	थ	ख	ठ	ल	इ

प्रशासन
वयस्कों
सहायता
अनुमोदन
संचार
समय सीमा
दस्तावेजों
बच्चे
सीमाओं
भाषा

आवास
कानून
बातचीत
अफ़सर
प्रक्रिया
संरक्षण
स्थिति
समाधान
तनाव

78 - Maison

अ	ट	◌ा	र	◌ी	फ	ण	स	त	छ	ध	प	र	ड	ग	छ
ऊ	थ	उ	स	इ	म	ध	ञ	ह	आ	श	घ	इ	प	फ	उ
न	थ	फ	ष	ब	व	भ	ख	ख	श	ऊ	ट	प	◌ु	म	व
छ	श	ब	ञ	व	श	ड	◌़	◌ा	ब	य	ई	◌ो	स	र	य
इ	द	इ	ऊ	ब	न	द	फ	न	◌ी	म	◌ि	च	◌्	ल	म
श	ग	व	ख	ल	भ	य	◌ी	◌ा	ढ	ऊ	ढ	ब	त	फ	ष
श	द	ट	ग	ग	फ	च	ठ	प	ग	ठ	आ	न	क	ट	भ
क	र	न	ग	◌ै	र	◌े	ज	ख	क	ल	त	त	◌ा	द	फ
◌ु	व	द	र	◌्	प	ण	आ	◌ि	ठ	ड	◌ी	स	ल	ब	ञ
◌ं	◌ा	ब	◌ौ	छ	◌ा	र	प	ड	प	न	ढ	च	य	ग	न
ज	ज	ह	व	श	ड	उ	थ	◌़	भ	र	र	व	◌ा	◌ी	द
◌ी	◌ा	ए	ल	य	ऊ	ष	◌्	क	क	ख	◌्	ढ	श	च	ट
छ	ष	ण	ण	ढ	ञ	ष	प	◌ी	ड	प	ग	द	ढ	◌ा	छ
ध	प	ऊ	ण	य	श	उ	भ	द	ख	ब	य	ग	◌े	ट	ठ
स	झ	◌ा	ड	◌़	◌ू	फ	ध	ऊ	ह	भ	च	न	फ	ख	ञ
च	ण	इ	न	ण	उ	म	प	घ	भ	छ	र	व	ट	आ	द

झाड़
पुस्तकालय
कक्ष
चिमनी
कुंजी
बाड़
रसोई
बौछार
खिड़की
गैरेज
अटारी
बगीचा
दीपक
दर्पण
दीवार
दरवाजा
पर्दे
तहखाना
गलीचा
छत

79 - Légumes

ख	ण	न	ट	ड	श	ल	ज	म	ण	अ	ब	भ	फ	र	ड
आ	◌ी	ए	ड	छ	स	ब	म	ए	ड	द	◌्	ट	ट	छ	म
य	आ	र	ज	◌ा	ग	स	ल	◌ा	द	र	र	उ	म	द	ल
थ	इ	ट	◌ा	ग	ह	ठ	व	प	म	क	◌ो	उ	◌ा	उ	इ
छ	त	म	न	ढ	ए	ल	च	आ	ढ	च	क	ल	ट	र	व
प	भ	च	घ	ल	ह	स	ञ	य	आ	थ	◌ो	व	र	फ	आ
आ	◌्	ए	थ	द	ड	आ	ष	ठ	ष	◌ी	ल	◌ा	ड	ऊ	ष
फ	ब	य	ध	◌ो	प	◌ा	ल	क	व	◌ा	◌ी	श	ण	श	न
प	ड	ठ	◌ा	म	ग	भ	ठ	◌ी	ष	ह	अ	◌ै	इ	इ	द
न	त	◌ू	◌ै	ज	उ	म	श	ध	◌ू	ड	ज	र	भ	ख	ट
ग	ष	ण	फ	अ	म	श	र	◌ू	म	म	व	◌ी	द	ष	थ
◌ं	ग	ड	त	स	श	ध	ख	ठ	स	ल	◌ा	द	च	ख	उ
◌ै	फ	ध	ग	य	थ	व	श	त	ठ	आ	इ	◌्	स	ख	स
ब	स	ण	ग	फ	ढ	ठ	य	ञ	ञ	स	न	◌ु	स	ह	ल
क	द	◌्	द	◌ू	भ	व	श	आ	व	घ	ढ	म	र	ठ	स
ध	ठ	ल	ष	य	स	छ	छ	घ	र	ह	य	स	न	इ	छ

लहसुन
समुद्री शैवाल
हाथी चक
बैंगन
ब्रोकोली
गाजर
अजवाइन
मशरूम
कद्दू
खीरा
पालक
अदरक
शलजम
प्याज
जैतून
अजमोद
मटर
मूली
सलाद
टमाटर

80 - Famille

छ	उ	ब	ब	य	ख	म	इ	म	ज	म	छ	ल	घ	र	घ
च	उ	◌ी	ञ	ष	ब	ल	ए	ह	◌ा	क	भ	ड	य	ब	ढ
घ	प	व	ठ	◌ं	ठ	ह	द	ह	◌ी	त	त	त	ए	ड	छ
घ	व	◌ी	द	◌ा	द	◌ा	थ	घ	त	◌ृ	◌ृ	ट	◌ी	◌े	ब
ठ	न	व	◌ी	म	भ	ठ	थ	भ	भ	◌ै	ञ	द	त	ज	द
म	ध	ख	◌ा	थ	म	श	ञ	ष	ढ	प	ए	भ	छ	व	◌ी
ठ	इ	च	द	ब	ह	न	प	च	ब	ट	ड	थ	ड	र	म
र	स	◌ा	आ	प	त	श	व	◌ी	च	◌ा	◌्	च	ब	◌्	फ
आ	ष	च	ग	प	प	च	भ	◌ा	◌्	त	न	ख	आ	◌ू	त
ठ	ध	◌ा	घ	श	च	ए	च	च	च	त	भ	न	ध	प	फ
ष	प	थ	ठ	न	ठ	घ	इ	◌े	◌े	ष	य	फ	ल	ष	य
ग	त	◌ा	◌ि	प	आ	ह	ख	आ	र	घ	ख	घ	ह	ठ	म
ल	◌ि	ट	श	श	छ	ञ	द	ठ	ब	◌ा	त	ञ	ध	द	ड
ऊ	ल	ह	इ	ल	ब	स	भ	श	ख	ट	भ	स	प	आ	ल
प	ढ	उ	न	त	फ	त	◌ा	ह	ब	श	ट	◌ा	य	त	श
म	प	ग	द	त	ट	स	ई	ढ	ए	र	श	य	ई	आ	घ

पूर्वज
चचेरा भाई
बचपन
बच्चा
बच्चे
बीवी
बेटी
भाई
दादी
दादा
पोते
मातृ
मां
भतीजा
भतीजी
चाचा
पैतृक
पिता
बहन
चाची

81 - Oiseaux

श	य	ढ	थ	ट	प	ग	◌ौ	र	◌ै	य	◌ा	ए	थ	च	इ
◌ु	ढ	ल	य	भ	◌े	र	म	च	◌ो	ख	ट	छ	श	उ	उ
त	ह	त	आ	ण	◌ं	थ	◌ू	द	ट	म	म	य	ठ	ष	इ
◌ु	र	ट	ञ	आ	ग	◌ो	र	◌्	◌ु	म	ब	ग	◌ु	ल	◌ा
र	र	ग	ल	म	◌ु	ढ	◌्	श	ड	ग	च	ट	ब	छ	च
म	ए	घ	ञ	ष	इ	ए	ख	ड	स	ऊ	◌ि	◌ू	द	उ	प
◌ु	त	ध	छ	छ	न	ल	म	आ	◌ा	ऊ	क	क	ट	ण	ख
र	र	◌ा	ज	ह	◌ं	स	न	इ	र	◌ं	न	◌े	ढ	घ	च
◌्	घ	ड	छ	र	ख	◌ो	◌ु	व	स	न	अ	न	ए	फ	ट
ग	ल	ग	ई	ख	म	◌ा	ष	प	छ	य	ड	घ	ह	◌ं	स
त	य	ष	स	फ	ढ	व	◌्	फ	त	फ	ण	इ	इ	ग	श
फ	◌ो	भ	भ	य	स	ह	य	ग	घ	श	ण	द	छ	द	छ
ख	क	त	भ	ञ	र	च	ह	थ	स	ढ	ए	ञ	म	ढ	च
आ	ख	व	◌ा	घ	य	ण	य	ल	फ	ञ	ब	स	ठ	इ	छ
◌ौ	त	फ	ण	त	च	न	त	ल	ड	न	आ	आ	ख	र	ड
क	ब	◌ू	त	र	इ	ऊ	थ	भ	ध	त	ष	ष	द	य	ष

ईगल
शुतुरमुर्ग
बतख
सारस
कौआ
कोयल
हंस
राजहंस
बगुला
पेंगुइन
गौरैया
मूर्ख मनुष्य
अंडा
मोर
तोता
हवासील
कबूतर
मुर्गी
चिकन
टूकेन

82 - Disciplines Scientifiques

स	इ	भ	◌ू	व	◌ि	ज	◌्	ञ	◌ा	न	भ	आ	ख	म	य
म	म	भ	ष	म	स	छ	ख	ध	ल	म	क	द	न	न	◌ा
◌ा	◌्	◌ा	ए	न	श	ग	भ	व	ब	ड	◌ी	ठ	◌ि	◌ो	◌ं
ज	य	ष	च	ध	ऊ	ब	स	द	ख	श	त	ध	ज	व	त
श	◌ू	◌ा	र	ह	म	ण	र	ख	स	म	◌ि	व	व	◌ि	◌्
◌ा	न	व	ब	त	छ	च	ष	ग	र	ए	थ	द	◌ि	ज	र
स	◌ो	◌ि	ज	◌ी	ल	◌ॉ	य	◌ो	ज	◌ि	◌ि	फ	द	◌्	◌ि
◌्	ल	ज	त	त	घ	ऊ	फ	ल	प	ण	स	घ	◌्	ञ	क
त	◌ॉ	◌्	न	य	स	◌ा	र	व	◌ी	ज	◌्	द	य	◌ा	◌ी
◌्	ज	ञ	ह	ख	ह	फ	इ	◌ि	ढ	च	र	ढ	◌ा	न	र
र	◌ी	◌ा	ञ	ध	न	ञ	◌ा	ज	◌्	व	◌ि	म	स	◌ौ	म
ग	ग	न	उ	च	ष	व	त	◌्	त	र	◌ा	◌ु	प	ह	व
ऊ	श	त	व	थ	उ	श	फ	ञ	ए	ख	प	भ	ह	थ	ह
च	ढ	ग	भ	ढ	ध	न	ञ	◌ा	ज	◌्	व	◌ि	व	◌ी	ज
फ	छ	न	छ	च	म	त	ए	न	◌ा	च	र	र	◌ी	र	श
र	◌ो	ब	◌ो	ट	◌ि	क	◌्	स	ब	ट	भ	व	छ	ब	घ

शरीर रचना
पुरातत्व
खगोल विज्ञान
जीव रसायन
जीवविज्ञान
पारिस्थितिकी
भूविज्ञान
इम्यूनोलॉजी
भाषाविज्ञान
यांत्रिकी
मौसम विज्ञान
खनिज विद्या
पोषण
फिजियोलॉजी
मनोविज्ञान
रोबोटिक्स
समाज शास्त्र

83 - Maladie

श	ञ	च	र	इ	प	व	ठ	श	ण	न	थ	ध	ए	ए	च
स	◌्	व	◌ा	स	◌्	थ	◌्	य	◌ो	◌ं	ड	◌ि	◌्	ड	ह
श	◌्	व	स	न	न	न	ग	फ	आ	य	स	क	ण	ठ	ठ
ए	ण	फ	स	ण	थ	ग	◌्	ल	म	च	◌ा	ल	क	इ	श
ट	य	च	ट	छ	थ	स	आ	य	प	थ	इ	◌्	म	ख	र
ट	स	◌ा	त	◌्	क	◌ि	◌ि	च	◌ु	भ	न	य	ज	द	आ
त	ग	न	◌ु	श	◌ा	◌ं	व	प	छ	र	स	◌ा	◌ो	द	न
श	र	◌ी	र	च	फ	ड	ध	◌े	प	च	◌ो	ण	र	ए	भ
छ	ध	ख	ष	ग	आ	◌्	ठ	ट	च	फ	ए	प	घ	ण	च
स	◌ू	ज	न	ल	द	र	क	र	र	द	ञ	द	ट	ख	ढ
ए	ल	र	◌्	ज	◌ी	◌ो	◌ा	च	व	घ	च	◌ि	म	◌ी	आ
इ	व	ञ	ध	न	ऊ	म	ठ	ड	◌्	श	द	ल	ग	ण	र
आ	ठ	घ	ट	प	◌ु	र	◌ा	न	◌ी	व	न	फ	ण	स	च
त	ष	य	आ	प	भ	ट	क	फ	त	फ	घ	ल	र	श	ह
स	◌ं	क	◌्	र	◌ा	म	क	श	◌ि	व	◌ं	◌ु	न	आ	ठ
ड	श	ञ	इ	छ	उ	र	उ	ग	थ	ड	आ	ट	र	ढ	स

पेट
तीव्र
एलर्जी
कल्याण
पुरानी
संक्रामक
शरीर
दिल
कमजोर
आनुवंशिक

वंशानुगत
सूजन
काठ का
न्यूरोपटी
हड्डियों
श्वसन
स्वास्थ्य
साइनस
सिंड्रोम
चिकित्सा

84 - Univers

स	ख	ए	ख	ट	ल	म	ण	त	प	ड	ठ	द	न	क	फ
ं	ड	ग	श	ग	इ	श	ब	प	ह	ध	र	श	म	्	थ
क	ग	स	ो	ह	ो	इ	द	ऊ	क	क	्	ष	ा	ष	ड
्	थ	श	द	ल	श	ल	छ	ठ	त	य	ब	ा	य	ि	इ
र	फ	र	छ	ध	व	श	व	थ	छ	ख	द	ं	श	त	ग
ा	च	ष	उ	छ	ठ	ि	ष	ि	ठ	ञ	भ	्	्	ि	ो
ं	ष	ा	ए	स	ढ	ा	ज	फ	ज	च	व	क	ृ	ज	ल
त	न	न	ॅ	ह	ग	र	च	्	उ	्	ब	अ	द	स	ा
ि	ऊ	ग	स	द	ञ	ऊ	उ	भ	ञ	श	ञ	ड	न	ध	र
भ	ू	म	ध	्	य	र	े	ख	ा	ा	ल	ा	ण	ल	्
अ	ं	ध	े	र	ा	ौ	च	उ	ग	क	न	आ	न	ौ	ध
स	श	आ	ध	ड	उ	स	घ	ध	श	आ	व	ी	ल	क	ठ
प	र	त	न	्	श	ा	े	द	ू	र	ब	ी	न	ि	छ
ल	व	ा	य	ु	म	ं	ड	ल	ण	च	त	ख	घ	क	व
आ	क	ा	श	ग	ं	ग	ा	ठ	त	व	ऊ	ण	छ	ह	य
क	्	ष	ु	द	्	र	ग	्	र	ह	ब	घ	ब	ल	ए

क्षुद्रग्रह
खगोल विज्ञानी
खगोल विज्ञान
वायुमंडल
आकाश
लौकिक
भूमध्य रेखा
आकाशगंगा
गोलार्ध
क्षितिज
अक्षांश
देशान्तर
चाँद
अंधेरा
कक्षा
सौर
संक्रांति
दूरबीन
दृश्यमान
राशि

85 - Géographie

प	ल	न	य	स	उ	त	◌्	त	र	फ	ण	म	न	ग	प
न	श	ग	ह	ब	◌ा	द	ष	ञ	ह	स	उ	त	ड	ग	न
क	ण	◌्	ट	भ	व	ग	ञ	ऊ	श	आ	म	व	ष	◌ो	द
◌्	ढ	ई	च	◌ा	◌ं	ऊ	र	त	◌्	ष	◌े	◌्	क	ल	◌ी
श	छ	ए	ह	◌ि	उ	ड	अ	द	इ	र	ण	त	ट	◌ा	न
◌ा	आ	इ	इ	र	म	य	क	ठ	व	ठ	म	स	ग	र	ञ
र	ए	ट	ल	स	ष	प	◌्	ड	छ	आ	र	म	ञ	◌्	ड
त	च	ष	आ	द	आ	ऊ	ष	भ	आ	ब	ञ	ध	फ	ध	म
न	ध	ब	ध	क	न	य	◌ा	प	व	◌ी	द	◌्	◌ा	ह	म
◌्	म	भ	ल	◌्	छ	ग	◌ं	ठ	श	ष	ए	य	द	फ	ऊ
श	ण	प	च	ष	ह	आ	श	त	र	ऊ	ठ	◌ा	◌ु	व	व
◌ा	ल	आ	च	◌ि	आ	थ	उ	य	प	ए	ब	ह	न	स	र
◌े	ष	ड	भ	ण	ऊ	फ	ड	य	य	ह	ठ	◌्	◌ि	द	इ
द	◌्	व	◌ी	प	स	म	◌ु	द	◌्	र	◌ा	न	य	◌े	प
घ	घ	ड	उ	ग	स	त	ट	र	श	ट	न	ड	◌ा	श	आ
आ	र	य	ञ	ढ	श	ग	व	ट	ढ	आ	ध	उ	◌़	ढ	ब

ऊंचाई
एटलस
नक्शा
महाद्वीप
नदी
गोलार्ध
द्वीप
अक्षांश
देशान्तर
समुद्र
मध्याह्न
दुनिया
पहाड़
उत्तर
सागर
पश्चिम
देश
दक्षिण
क्षेत्र
शहर

86 - Danse

श	न	न	उ	ग	भ	अ	स	ं	ग	ी	त	ड	स	श	ट
ा	ृ	ा	ऊ	न	म	क	त	ि	क	ृ	स	्	ं	ा	स
स	त	न	व	घ	प	ा	ृ	क	ए	थ	न	फ	स	ल	आ
्	्	आ	म	ा	ग	द	घ	म	य	उ	ट	ह	्	क	भ
त	य	न	ष	म	भ	म	म	इ	व	न	फ	ठ	क	म	छ
्	क	इ	त	द	थ	ी	ा	स	ञ	य	श	्	ृ	द	आ
र	ल	फ	व	ह	छ	ल	ञ	त	त	ट	व	ऊ	त	ढ	ऊ
ी	ा	श	ट	ट	ब	आ	फ	द	व	न	ऊ	ञ	ि	ह	ण
य	त	उ	र	श	प	स	म	र	थ	च	ब	ठ	इ	घ	ढ
ष	ड	ा	आ	ी	न	न	उ	न	ञ	आ	ड	आ	ढ	ह	ञ
ए	ड	द	ल	ख	र	ण	स	फ	ह	ण	उ	ठ	आ	ष	थ
य	घ	ख	ष	ह	र	्	ष	ि	त	म	ख	स	ष	ख	ए
र	ि	ह	र	्	स	ल	घ	ब	ग	उ	ग	ए	स	ढ	ध
इ	घ	ट	च	ण	उ	त	ध	ग	त	म	ध	ञ	ू	य	ष
आ	ञ	श	फ	ष	इ	घ	प	व	ि	श	ल	स	च	आ	आ
प	र	ं	प	र	ा	ग	त	म	ए	ह	ढ	ड	क	आ	ल

अकादमी
कला
नृत्यकला
शास्त्रीय
शरीर
संस्कृति
सांस्कृतिक
सूचक
भावना
कृपा
हार्षित
गति
संगीत
साथी
आसन
रिहर्सल
ताल
परंपरागत
दृश्य

87 - Bâtiments

ट	य	ड	स	त	ग	व	र	म	त	अ	ड	ए	ब	स	च
भ	ल	ह	थ	◌ं	थ	व	न	म	ब	स	द	उ	ए	◌ं	ख
ट	य	व	ठ	ब	ण	ड	ऊ	ड	श	◌्	प	ढ	म	ग	ल
ऊ	◌ा	ह	र	◌ू	थ	◌ि	ए	ट	र	प	य	द	ल	◌्	◌ि
ड	द	क	◌े	ब	◌ि	न	आ	उ	च	त	ड	ण	द	र	ह
स	◌्	क	◌ू	ल	स	छ	ए	फ	स	◌ा	ल	ट	◌ो	ह	◌ा
अ	व	फ	आ	◌ा	◌ु	च	छ	ण	फ	ल	न	श	ऊ	◌ा	न
प	◌ि	◌ै	न	श	प	म	य	ड	◌ि	ट	◌े	◌्	स	ल	प
◌ा	व	क	र	◌ा	र	न	◌ा	◌ी	म	ध	ञ	आ	ड	य	ढ
र	श	◌्	द	ग	म	आ	प	न	ष	स	इ	व	प	ए	ग
◌्	◌्	ट	स	य	◌ा	ग	◌ै	र	◌े	ज	ल	ट	प	श	ल
ट	◌ि	र	प	◌ो	र	ब	उ	ध	न	◌ि	द	प	ट	भ	ख
म	व	◌ी	ट	र	◌्	भ	ऊ	द	उ	स	स	ग	र	ञ	घ
◌े	फ	घ	ञ	◌्	क	द	◌ू	त	◌ा	व	◌ा	स	थ	र	त
◌ं	ठ	ह	फ	प	◌े	व	◌े	ध	श	◌ा	ल	◌ा	र	ढ	ठ
ट	ग	ऊ	उ	द	ट	ठ	ग	क	◌ि	ल	◌ा	य	ग	न	त

दूतावास
अपार्टमेंट
केबिन
किला
सिनेमा
स्कूल
गैरेज
खलिहान
अस्पताल
होटल
प्रयोगशाला
संग्रहालय
वेधशाला
स्टेडियम
सुपरमार्केट
तंबू
थिएटर
मीनार
विश्वविद्यालय
फैक्टरी

88 - Livres

ध	त	थ	स	श	ठ	स	ऊ	प	स	प	ल	घ	ल	भ	ञ
ध	उ	ग	ष	इ	ख	◌ं	च	श	ल	◌ृ	◌ा	◌ि	ढ	क	ए
च	आ	ह	य	ढ	श	ग	ठ	भ	र	ष	ख	छ	ख	य	व
प	ध	ल	ए	फ	ञ	◌्	भ	ण	ढ	◌्	◌ं	स	स	◌ि	श
फ	◌्	ठ	थ	ष	ग	र	छ	ठ	य	ठ	◌ृ	ब	◌ा	त	त
स	थ	र	क	स	◌ि	ह	◌ा	◌ि	त	ऐ	श	य	ह	◌्	आ
ऊ	य	उ	◌ा	स	◌ं	द	र	◌्	भ	◌ा	श	फ	स	ह	व
द	ष	ट	ञ	स	य	◌ा	◌्	न	प	उ	◌ि	य	◌ि	◌ि	◌ि
ख	ढ	ह	ग	आ	◌ं	घ	घ	◌ी	ध	ब	छ	व	क	◌ा	ष
◌ु	ह	फ	ऊ	फ	इ	ग	ष	◌ा	ढ	स	ढ	ए	क	स	◌्
द	◌्	व	◌ं	द	◌्	व	◌ि	ह	ञ	य	स	ष	ठ	र	क
क	थ	◌ा	व	◌ा	च	क	इ	क	ख	◌े	ल	न	◌ा	द	◌ा
ठ	ढ	च	त	ट	इ	ऊ	ए	ट	थ	ड	ल	आ	प	ष	र
ए	व	ड	श	म	ह	◌ा	क	◌ा	व	◌्	य	ख	य	उ	श
ञ	उ	थ	ड	य	ग	ञ	ञ	व	◌ि	न	◌ो	द	◌ी	भ	◌ी
ठ	ए	आ	ट	च	घ	ल	द	म	म	ढ	ण	छ	ष	द	ल

लेखक
साहसिक
संग्रह
संदर्भ
द्वंद्व
लिखित
महाकाव्य
कहानी
ऐतिहासिक
विनोदी
आविष्कारशील
पाठक
साहित्यिक
कथावाचक
पृष्ठ
प्रासंगिक
कविता
उपन्यास
शृंखला
दुखद

89 - Pays #2

ढ	स	ग	फ	ठ	इ	व	त	भ	त	व	ढ	त	त	ट	च
ग	इ	ख	ठ	ष	ऊ	◌ं	श	छ	◌ी	ण	थ	ञ	ऊ	द	ढ
म	ख	श	आ	थ	ब	ठ	ड	◌ं	◌ै	ल	र	य	आ	न	प
इ	◌े	उ	आ	य	ऊ	ठ	◌ा	◌ो	ह	य	आ	ड	फ	थ	◌ा
न	य	क	द	त	इ	ड	ग	स	न	प	◌ा	◌ा	ज	ञ	क
य	◌ा	न	◌्	◌े	क	ह	◌ा	ढ	◌ू	◌े	ञ	ल	थ	क	◌ि
◌ा	न	ल	स	स	र	◌ा	◌ं	◌्	फ	ड	श	ड	आ	र	स
ल	◌ि	◌े	◌ी	ओ	◌ि	थ	◌ु	फ	छ	प	◌ा	◌ि	ष	◌्	◌्
◌ि	ब	ब	र	◌ा	ग	क	य	ड	ह	ख	ग	न	य	म	त
म	◌ा	न	◌ि	ल	ट	ऊ	◌ो	ज	म	◌ै	क	◌ा	य	◌ा	◌ा
◌ा	◌्	◌ा	य	ठ	ख	ण	व	ए	घ	ढ	श	ध	◌ू	न	न
◌ो	ल	न	◌ा	र	◌ू	स	ष	ञ	फ	ष	ल	ढ	क	◌े	श
स	अ	ठ	थ	ग	ण	आ	ग	ब	प	ख	त	घ	◌्	ड	ड
छ	श	ण	ब	उ	उ	च	द	ष	ह	त	प	म	र	भ	द
र	आ	घ	आ	ह	प	ण	स	ह	ग	द	प	ठ	◌े	ञ	छ
ढ	थ	ग	द	च	◌ी	न	थ	ष	ऊ	द	घ	ग	न	ऊ	ड

अल्बाानिया
चीन
डेनमार्क
फ्रांस
हैती
इंडोनेशिया
आयरलैंड
जमैका
जापान
केन्या
लाओस
लेबनान
मेक्सिको
युगांडा
पाकिस्तान
रूस
सोमालिया
सूडान
सीरिया
यूक्रेन

90 - Fournitures d'Art

च	ि	त	्	र	फ	ल	क	स	स	व	ऊ	श	आ	फ	क
फ	ग	स	भ	ण	ब	ब	प	्	फ	इ	ब	य	र	थ	ै
ष	थ	च	ब	ञ	थ	े	फ	य	फ	र	न	च	ज	घ	म
प	र	छ	ण	य	ठ	ट	त	ा	व	त	द	ी	ग	ं	र
प	च	फ	प	ण	फ	म	भ	ह	ट	ड	ञ	ठ	ा	ब	ा
ए	न	भ	द	ग	य	य	फ	ी	ञ	ख	ग	ग	क	प	य
क	ा	ष	भ	ख	ल	प	े	ं	ट	प	उ	ञ	उ	स	य
्	त	प	ढ	द	ल	स	ह	ब	ए	इ	ध	म	छ	ल	य
र	्	प	फ	थ	ष	श	ि	ग	ग	ब	ख	ध	आ	द	प
ि	म	व	ि	च	ा	र	ो	ं	ल	आ	ऊ	ध	ए	व	श
ल	क	ग	छ	श	ख	्	ड	र	े	क	ु	र	्	स	ी
ि	त	ो	र	़	ड	ब	र	ल	ञ	प	े	स	्	ट	ल
क	ा	ं	घ	घ	थ	स	म	ज	म	ि	ट	्	ट	ी	श
ष	फ	द	ल	प	ख	ठ	ख	ञ	ञ	त	च	ल	ट	ष	ड
र	ञ	ऊ	ह	भ	ण	त	ऊ	ग	ठ	ए	े	च	छ	ए	थ
र	फ	ण	भ	म	ष	ण	ञ	न	ब	च	ख	ल	ध	श	र

एक्रेलिक
जल रंग
मिट्टी
ब्रश
कैमरा
कुर्सी
चित्रफलक
गोंद
रंग
पेंसिल
रचनात्मकता
पानी
स्याही
रबड़
तेल
विचारों
कागज
पेस्टल
पेंट
टेबल

91 - Compétences Professionnelles

ल	च	ए	फ	स	ट	ऊ	अ	न	◌ु	क	◌ू	ल	अ	अ	स
न	ञ	ञ	भ	थ	◌ं	ऊ	व	ग	उ	म	ट	प	न	न	◌ं
◌े	द	ञ	ञ	ष	ध	ग	ड	◌ी	स	त	च	द	◌ु	◌ु	च
त	प	◌ि	◌्	र	म	स	ठ	स	भ	◌्	ञ	थ	भ	क	◌ा
◌ृ	म	ह	च	ब	उ	ए	प	◌ि	ए	◌ा	ड	व	व	◌ू	र
त	म	ञ	ऊ	फ	श	ऊ	ढ	ग	त	न	र	य	◌ी	ल	◌ी
◌्	व	◌ि	न	◌ी	त	ए	म	र	य	च	त	◌्	ब	न	◌ा
व	त	य	ढ	ए	ह	ग	छ	ए	श	र	◌्	व	प	◌ी	क
भ	ई	इ	छ	फ	य	च	ध	प	य	य	त	न	छ	य	ह
र	इ	म	ञ	ण	ह	ण	इ	ढ	ब	◌ा	◌ं	च	◌ौ	क	स
◌ो	च	त	◌ा	आ	ड	र	ष	ख	ट	◌ै	व	म	ख	य	ड
स	स	प	स	श	थ	ठ	ए	य	न	त	◌्	ण	ट	ह	थ
◌े	ए	व	◌ि	श	◌्	व	स	न	◌ी	य	स	ञ	भ	त	ढ
म	ध	र	घ	य	ए	◌ि	ज	◌ि	म	◌्	म	◌े	द	◌ा	र
◌ं	स	म	ख	फ	म	भ	र	प	◌्	र	ब	◌ं	ध	न	ऊ
द	ए	भ	ए	ञ	ध	ष	श	क	श	थ	स	ठ	ट	य	उ

अनुकूलनीय
अनुकूल
चौकस
विश्वसनीय
करिश्माई
संचार
सहकारी
रचनात्मक
समर्पित
प्रभावी
अनुभवी
भरोसेमंद
प्रबंधन
स्वतंत्र
नेतृत्व
संगठित
तैयार
विनीत
जिम्मेदार

92 - Jazz

ए	ल	छ	त	स	◌ं	ग	◌ी	त	श	न	ग	ढ	फ	म	प
ञ	स	भ	ग	ख	य	घ	श	आ	◌ै	य	ए	ख	ऊ	छ	◌्
ध	ब	श	ऊ	◌ी	आ	ए	व	क	ल	◌ा	ऊ	च	र	ड	र
त	ख	ठ	ह	थ	त	छ	श	ह	◌ी	व	◌ा	ह	◌ा	व	स
ठ	ष	ख	च	ट	छ	त	ध	ष	ठ	न	र	◌ो	◌़	ज	◌ि
फ	ए	ञ	ड	ए	ल	◌्	ब	म	ष	ध	क	ह	ख	घ	द
ब	छ	व	फ	भ	◌ा	त	◌ि	र	◌्	प	◌ा	त	ढ	त	◌्
क	भ	द	ण	ञ	ह	ट	छ	◌्	ल	फ	त	फ	न	ऊ	ध
◌ा	ठ	र	थ	त	थ	द	ल	ड	न	य	ग	ट	ल	ञ	म
म	श	ट	ध	द	◌ा	द	◌ी	◌ं	स	प	◌ी	त	ए	थ	ण
च	ल	घ	ल	द	न	ल	क	ए	थ	म	◌ं	ध	ल	ह	ड
ल	ष	छ	ह	ह	च	र	इ	म	ऊ	आ	स	ए	थ	श	च
◌ा	ष	ढ	ह	ब	र	क	◌ा	◌ा	ल	क	ढ	न	न	प	च
ऊ	ऑ	र	◌्	क	◌े	स	◌्	ट	◌्	र	◌ा	स	भ	ग	ध
प	◌ु	र	◌ा	न	◌ा	स	ढ	ञ	आ	छ	ञ	स	च	ह	ण
छ	ष	ल	ढ	भ	ध	श	ञ	ठ	घ	आ	ख	ठ	प	भ	ख

ज़ोर
एल्बम
वाहवाही
कलाकार
प्रसिद्ध
गीत
संगीतकार
रचना
पसंदीदा
कामचलाऊ
संगीत
नया
ऑर्केस्ट्रा
ताल
एकल
शैली
प्रतिभा
ड्रम
तकनीक
पुराना

93 - Paysages

ग	ध	ण	ष	झ	ल	ऊ	ड	ख	◌ं	म	◌ि	ह	ट	थ	ह
ज	◌्	ट	त	र	द	◌्	◌ु	म	स	◌ु	म	ल	प	ए	ल
◌्	द	ल	ब	न	ल	फ	ध	म	र	ह	म	ब	छ	र	ल
व	ब	◌ी	◌े	◌ा	द	थ	थ	श	फ	◌ा	◌ु	ग	व	म	ढ
◌ा	व	झ	च	श	न	द	◌ी	ठ	ह	न	ग	फ	उ	ढ	ठ
ल	स	व	आ	ञ	◌ि	आ	द	स	ट	◌ा	थ	उ	थ	ध	र
◌ा	ह	ए	ए	ऊ	न	य	◌ा	द	◌्	◌ू	र	म	फ	म	व
म	छ	फ	ख	ञ	ह	म	र	◌ा	ड	◌्	◌ं	◌ु	ट	इ	ट
◌ु	ऊ	ब	ग	य	ढ	ट	ढ	ग	छ	भ	र	आ	ऊ	च	फ
ख	ख	श	प	ह	ए	इ	न	त	◌ा	स	◌्	ग	◌ि	◌े	र
◌ी	ड	◌़	◌ा	ह	प	ऊ	ढ	व	ग	स	छ	फ	ख	ध	आ
ढ	ख	◌़	ट	ट	घ	श	श	य	उ	द	ख	घ	ए	द	ड
द	◌्	व	◌ी	प	व	◌ी	द	◌्	य	र	◌ा	◌्	प	ण	ऊ
श	घ	घ	◌ा	◌ा	ड	ध	ढ	ञ	प	ञ	प	ट	छ	ञ	ऊ
व	ठ	ह	घ	भ	ह	ल	उ	ट	ध	थ	च	त	आ	ठ	व
व	ण	छ	द	ट	त	प	ध	उ	स	म	◌ु	द	◌्	र	आ

झरना
पहाड़ी
रेगिस्तान
मुहाना
नदी
ग्लेशियर
गुफा
हिमखंड
द्वीप
झील

दलदल
समुद्र
पहाड़
मरूद्यान
सागर
प्रायद्वीप
समुद्र तट
टुंड्रा
घाटी
ज्वालामुखी

94 - Pays #1

थ	श	ह	इ	ल	थ	ट	स	त	थ	श	अ	ड	ऊ	व	ट
क	ख	श	र	ञ	ऊ	स	◌्	घ	ट	फ	र	र	ब	◌े	थ
◌ो	न	प	य	◌ो	घ	ए	प	ख	ञ	ल	◌्	ण	इ	न	ढ
क	◌ी	◌ा	घ	र	म	ग	◌े	ग	द	छ	ज	श	थ	◌े	म
◌्	म	य	ड	इ	ञ	◌ा	न	फ	उ	न	◌े	र	अ	ज	इ
र	◌्	ष	फ	◌ा	फ	य	न	ष	उ	ठ	◌ं	ढ	फ	◌़	श
◌ो	र	ण	त	य	आ	◌ि	थ	◌ि	र	श	ट	च	ग	◌ु	इ
म	ज	ढ	ल	ऊ	ए	र	ल	य	य	ञ	◌ी	प	◌ा	ए	स
ब	◌्	र	◌ा	ज़	◌ी	ल	त	◌ि	ठ	◌ा	न	न	न	ल	व
इ	क	◌्	व	◌े	ड	◌ो	र	न	प	प	◌ा	◌ा	◌ि	◌ा	घ
ड	उ	ट	◌े	ट	ल	◌ी	◌ा	म	ख	◌ी	न	म	स	ट	थ
ध	म	य	र	इ	◌ै	उ	भ	प	ए	ट	◌ं	◌ा	◌्	प	च
श	उ	थ	◌्	ध	◌ं	इ	ज	र	◌ा	इ	ल	स	त	ग	ल
ष	फ	र	◌ॉ	छ	न	व	आ	ग	◌ु	र	◌ा	क	◌ा	◌ि	न
ठ	भ	छ	न	ऊ	◌ि	ऊ	ल	◌ी	ब	◌ि	य	◌ा	न	ए	इ
ट	आ	इ	ड	ऊ	फ	ण	द	प	◌ो	ल	◌ै	◌ं	ड	ए	फ

अफगानिस्तान
जर्मनी
अर्जेंटीना
ब्राज़ील
कनाडा
स्पेन
इक्वेडोर
फिनलैंड
भारत
इजराइल
लीबिया
माली
मोरक्को
निकारागुआ
नॉर्वे
पनामा
फिलिपींस
पोलैंड
रोमानिया
वेनेज़ुएला

95 - Nombres

ष	च	ण	ड	ण	द	त	ध	अ	उ	द	स	त	◌्	र	ह
ध	◌ा	◌ं	छ	भ	श	त	च	ठ	न	ण	◌ौ	ह	ऊ	ञ	र
त	र	द	◌ा	स	म	ह	न	◌ा	◌्	श	ब	उ	य	ग	द
◌ौ	य	इ	ब	प	ल	व	थ	र	न	छ	ल	च	स	ह	◌्
न	स	प	प	भ	व	च	श	ह	◌ौ	स	◌ा	त	छ	न	◌ं
छ	ठ	ख	न	ब	ग	फ	ख	ल	स	त	ख	न	य	भ	प
ह	ल	इ	त	य	ध	श	प	◌ो	श	आ	◌े	छ	न	◌ौ	ल
आ	ठ	ग	आ	भ	आ	◌ू	च	स	ठ	आ	ढ	र	इ	छ	न
भ	ध	घ	ऊ	ण	ए	न	इ	ए	ढ	ख	ल	भ	ह	ख	ख
घ	ढ	ञ	च	छ	थ	◌्	ष	ग	ग	घ	घ	छ	द	थ	ण
इ	ठ	घ	ब	द	स	य	द	ऊ	फ	य	फ	ल	◌ौ	छ	श
ख	स	स	◌ा	भ	ष	भ	भ	प	ड	य	च	आ	च	प	म
द	ब	भ	र	ध	ञ	ध	प	त	थ	च	ष	ढ	स	घ	ठ
त	म	छ	ह	फ	ए	ञ	च	व	ल	म	त	द	त	त	ष
य	छ	म	ख	च	ख	ध	आ	ब	ल	ट	ऊ	छ	◌ो	ण	छ
व	ड	र	ऊ	ब	व	ड	भ	त	ख	ट	म	य	आ	भ	ऊ

पांच
दो
दशमलव
दस
अठारह
उन्नीस
सत्रह
बारह
आठ
नौ
चौदह
चार
पंद्रह
सोलह
सात
छह
तेरह
तीन
बीस
शून्य

96 - Psychologie

न	ब	व	◌ा	स	◌्	त	व	◌ि	क	त	◌ा	व	त	श	द
प	◌ै	◌े	न	प	स	भ	त	ग	ढ	इ	द	◌्	म	ढ	म
छ	◌्	द	ह	ञ	ध	व	◌ि	च	◌ा	र	भ	य	ठ	ढ	म
स	प	र	◌ा	◌ो	ण	ध	क	च	च	क	◌ा	व	ञ	च	आ
◌ं	ब	ठ	भ	न	श	ञ	◌्	च	◌ि	◌ा	व	ह	व	व	न
घ	त	ड	ख	◌ा	◌ि	ञ	य	ठ	क	◌ं	न	◌ा	◌्	उ	न
र	ख	ह	व	ल	व	क	◌ु	उ	◌ि	ह	◌ा	र	य	य	भ
◌्	न	ञ	म	स	ढ	ढ	◌ि	व	त	अ	ए	ट	क	◌ं	स
ष	उ	त	◌ि	भ	◌ू	◌ु	न	अ	◌्	ह	◌ॅ	उ	◌्	फ	त
व	◌ि	च	◌ा	र	◌ो	◌ं	व	◌ी	स	ए	ट	र	त	स	ख
म	◌ू	ल	◌्	य	◌ा	◌ं	क	न	◌ा	छ	व	आ	◌ि	र	ञ
ञ	न	ड	छ	भ	भ	उ	ए	स	द	फ	ख	प	त	ब	फ
ट	आ	छ	ड	श	फ	उ	छ	न	ब	घ	ढ	म	◌्	ड	य
य	ष	म	श	ल	व	ग	ट	स	च	छ	द	न	व	च	थ
घ	भ	त	ब	ढ	ह	घ	फ	श	प	घ	ग	ऊ	च	फ	च
ह	प	ब	ड	इ	छ	व	भ	◌ु	न	अ	ट	ल	न	च	च

नैदानिक
व्यवहार
संघर्ष
अहंकार
बचपन
अनुभव
भावनाएँ
मूल्यांकन
विचारों
बेहोश
प्रभाव
विचार
अनुभूति
व्यक्तित्व
संकट
नियुक्ति
वास्तविकता
सपने
सनसनी
चिकित्सा

97 - Nature

ज	ट	व	आ	न	न	◌ि	र	◌्	म	ल	ट	व	ण	ड	ग
म	◌ा	न	त	य	र	◌्	श	आ	इ	द	◌ी	न	त	श	त
ध	ध	न	ड	ण	न	द	◌ी	न	स	◌ा	ग	ग	ञ	ऊ	◌ि
◌ु	ग	श	व	◌्	इ	उ	ञ	न	प	ब	ग	थ	◌ं	य	श
म	उ	ठ	◌ा	र	आ	र	◌्	क	ट	◌ि	क	स	ख	ज	◌ी
क	ग	प	ट	◌ा	◌ो	ग	◌्	ल	◌े	श	◌ि	य	र	ए	ल
◌्	ह	उ	क	य	ह	◌ं	र	◌ा	ह	◌ो	क	छ	च	ण	ठ
ख	ठ	ञ	ब	भ	न	स	त	◌े	◌्	त	प	ध	ह	ऊ	उ
◌ि	ल	फ	ल	अ	आ	प	ढ	ञ	ग	ऊ	ष	च	भ	ट	भ
य	प	थ	ध	य	ध	◌ी	ब	◌ं	ट	◌ि	क	ण	◌्	ष	उ
◌ो	ण	ट	ध	ट	छ	ह	ण	ह	घ	घ	स	ञ	ष	ड	श
◌ं	भ	ठ	ण	ड	ख	ण	र	◌्	प	◌ू	व	◌्	त	ह	म
स	◌ु	◌ं	द	र	त	◌ा	ठ	घ	ष	फ	थ	उ	त	आ	स
ञ	ञ	फ	त	आ	आ	ण	र	◌्	प	◌ू	त	◌ि	◌ं	◌ा	श
ड	थ	ण	छ	स	ट	स	भ	स	ण	ह	ढ	च	घ	य	न
ख	ऊ	द	इ	थ	ग	म	त	ष	न	फ	घ	ठ	ण	फ	म

मधुमाक्खियों
आश्रय
जानवरों
आर्कटिक
सुंदरता
कोहरा
रेगिस्तान
गतिशील
कटाव
पत्ते
नदी
वन
ग्लेशियर
बादल
शांतिपूर्ण
अभयारण्य
जंगली
निर्मल
उष्णकटिबंधीय
महत्वपूर्ण

98 - Chimie

न	छ	ऊ	ढ	उ	अ	ठ	म	श	भ	ल	उ	ध	य	श	प
य	म	भ	म	न	ष	ण	◌ु	◌ा	म	र	प	ब	फ	घ	ण
आ	ढ	क	ष	म	ञ	ष	◌ु	न	ऊ	त	ठ	त	ध	आ	ह
न	ब	र	◌्	◌ा	क	म	इ	ज	◌ा	◌ं	ए	ट	य	भ	◌ा
च	ध	र	आ	प	भ	ह	ल	स	र	भ	इ	ढ	ख	न	इ
ग	ल	◌े	फ	◌ा	इ	ड	◌े	◌ी	आ	ड	◌ि	स	ए	च	ड
र	य	प	ढ	त	च	व	क	◌्	ए	ऊ	ण	क	घ	स	◌्
◌्	ञ	◌्	थ	ण	ग	ज	◌्	क	ग	◌ै	स	न	◌ी	च	र
म	न	◌्	य	इ	फ	न	ट	ऑ	व	च	ल	ख	न	य	◌ो
◌ी	श	त	थ	ल	ट	र	◌्	छ	फ	छ	त	भ	च	र	ज
भ	उ	उ	ऊ	त	ख	◌ी	र	ठ	ब	म	ए	घ	स	◌ी	न
प	इ	य	न	ञ	ण	ल	◌ॉ	ठ	ड	त	श	व	ऊ	ष	छ
ए	त	ष	ब	छ	ध	◌ो	न	ह	ठ	ओ	◌ं	त	◌ु	◌ा	ध
ऊ	ष	छ	ह	म	श	◌्	न	उ	आ	ञ	च	आ	फ	◌्	ऊ
ल	ण	व	छ	ण	ह	क	ए	ण	ए	ष	ण	ह	ड	क	छ
ध	ग	ठ	घ	ट	ण	छ	ए	ञ	स	उ	ख	ढ	य	छ	प

एसिड
क्षारीय
परमाणु
कार्बन
उत्प्रेरक
गर्मी
क्लोरीन
एंजाइम
इलेक्ट्रॉन
गैस
हाइड्रोजन
आयन
तरल
धातुओं
अणु
नाभिकीय
ऑक्सीजन
वजन
नमक
तापमान

99 - Bateaux

ब	स	ण	ऊ	ध	र	ग	◌ं	ल	छ	न	◌ा	व	◌ि	क	न
स	◌े	ड	न	य	व	स	ढ	ब	न	फ	घ	उ	ए	ह	◌ौ
म	ध	ड	न	य	◌ा	इ	◌्	ह	द	ठ	ष	उ	ह	ण	क
◌ु	ऊ	ष	◌़	य	◌्	◌ं	प	स	◌ो	ब	य	न	स	ञ	◌ा
द	न	ढ	न	◌ा	ज	ज	ढ	इ	◌ो	ए	व	म	न	स	उ
◌्	ल	ढ	ढ	◌ो	ब	न	ध	न	ण	ब	न	ध	फ	◌ा	थ
र	ह	ग	श	ब	ए	च	ल	र	स	ण	उ	ग	छ	ग	भ
◌ी	र	फ	ढ	ध	इ	थ	छ	ट	ट	म	स	त	व	र	ए
ट	◌े	घ	स	ह	फ	ञ	ल	ड	ध	ध	ल	म	म	य	द
ष	◌ं	छ	द	◌े	ब	इ	न	भ	थ	ब	ध	व	फ	भ	ण
ड	◌ो	◌ं	ग	◌ी	ल	◌ी	झ	च	ढ	प	ट	ठ	श	ठ	ट
ड	ल	ष	घ	ट	उ	ब	ब	छ	भ	छ	द	ए	ह	थ	ष
र	श	र	ठ	ध	द	◌ी	◌ो	ग	छ	प	छ	द	य	प	श
घ	ख	◌ू	घ	ञ	छ	व	ढ	ट	ख	ट	श	ष	ठ	ए	व
म	स	◌्	त	◌ू	ल	य	व	म	ढ	व	ठ	न	प	थ	न
ऊ	ञ	क	श	◌्	त	◌ी	स	म	◌ु	द	◌्	र	न	ख	ऊ

लंगर
बोया
डोंगी
रस्सी
गोदी
क्रू
नदी
कश्ती
झील
ज्वार
नाविक
मस्तूल
समुद्र
इंजन
समुद्री
सागर
बेड़ा
लहरें
सेलबोट
नौका

100 - Mesures

श	ण	भ	आ	ऊ	ठ	ई	इ	ख	व	ष	ल	आ	ग	ऊ	स
फ	ड	च	◌ौ	ड	◌़	◌ा	ई	◌ं	ई	फ	ठ	◌ी	ह	व	◌े
ख	ि◌	म	ि◌	न	ट	र	ब	य	च	ख	श	ब	ट	स	◌ं
म	ग	ऊ	य	ट	ध	ह	◌ा	उ	◌ा	न	य	थ	ठ	र	ट
भ	◌्	फ	ऊ	ढ	छ	ग	◌ं	य	◌ं	श	ग	ह	द	ट	◌ी
ग	र	ड	न	घ	ञ	म	ल	व	ऊ	ग	इ	ऊ	ण	◌ी	म
ट	◌ी	ऊ	ठ	ध	द	स	फ	ण	ष	ठ	प	इ	र	म	◌ी
र	ञ	आ	च	क	ि◌	ल	◌ो	म	◌ी	ट	र	ध	स	र	ट
ड	प	थ	भ	ब	द	व	ड	य	घ	ढ	ल	इ	ऊ	◌ा	र
ध	द	ढ	ध	द	थ	ष	ष	च	भ	ढ	ढ	ख	व	◌्	इ
ग	स	भ	थ	ग	भ	य	य	ड	ब	य	आ	ख	द	ग	ल
ए	ध	स	स	ष	व	स	प	द	ष	◌ा	ल	ए	औ	य	ड
व	ल	म	श	द	ध	ल	घ	व	ञ	ख	इ	प	◌ं	आ	र
ज	घ	ट	इ	ड	इ	ध	ब	इ	थ	ख	न	ट	स	य	ह
न	ट	इ	ञ	ऊ	इ	ग	त	ढ	र	व	इ	ध	◌ा	त	छ
म	म	क	ि◌	ल	◌ो	ग	◌्	र	◌ा	म	ऊ	ह	म	न	द

सेंटीमीटर
डिग्री
दशमलव
ग्राम
ऊंचाई
किलोग्राम
किलोमीटर
चौड़ाई
लीटर
लंबाई
मास
मीटर
मिनट
बाइट
औंस
वजन
इंच
गहराई
टन
आयतन

1 - Adjectifs #2

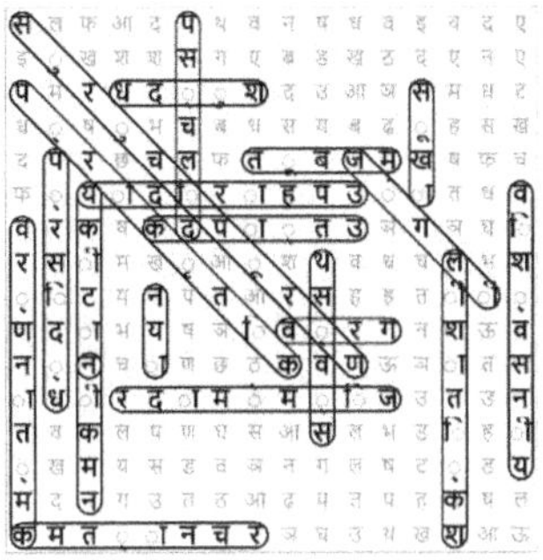

2 - Force et Gravité

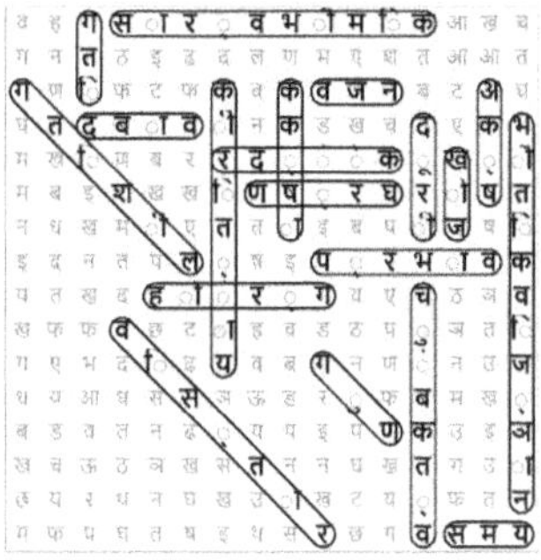

3 - Adjectifs #1

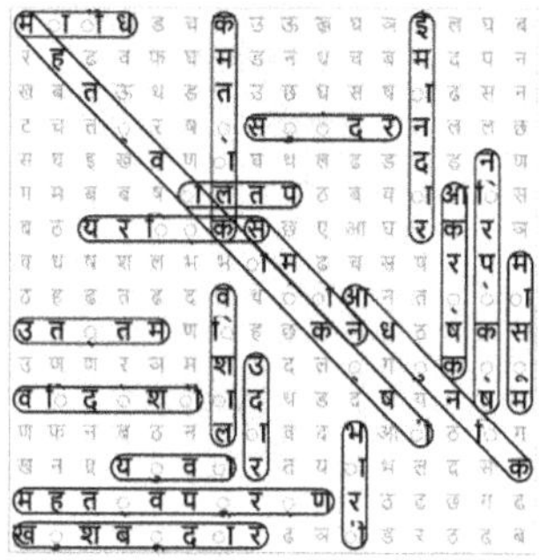

4 - Échecs

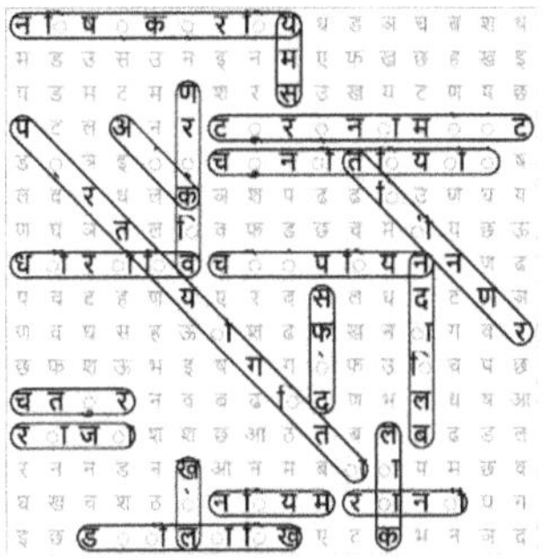

5 - Herboristerie

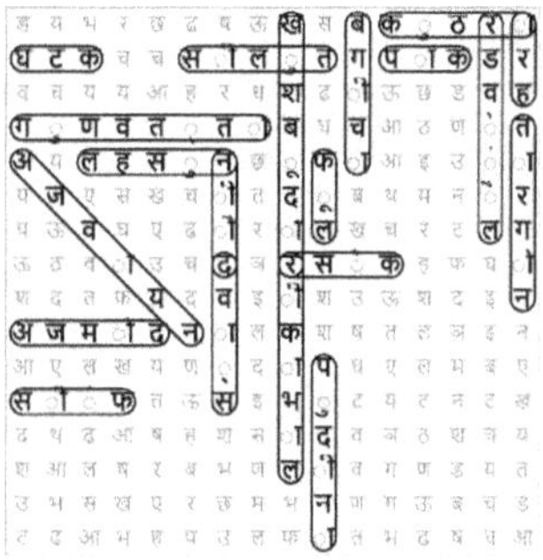

6 - Véhicules

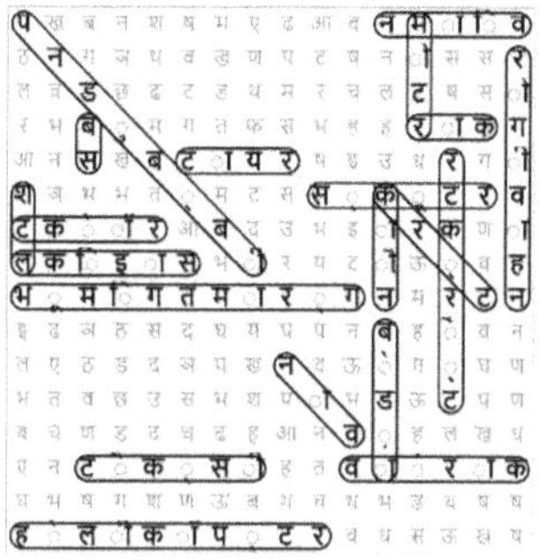

7 - Camping

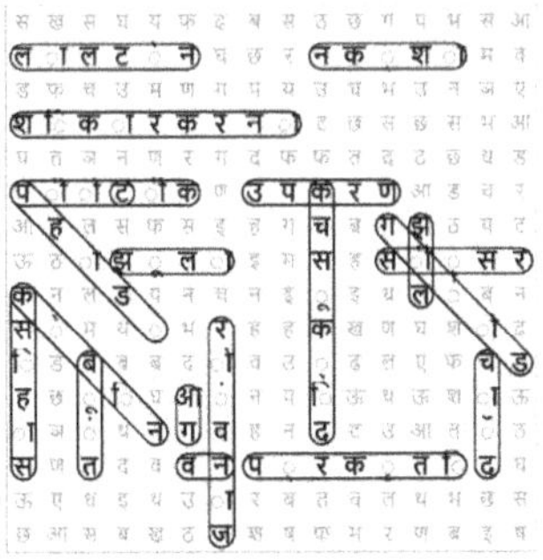

8 - Géométrie

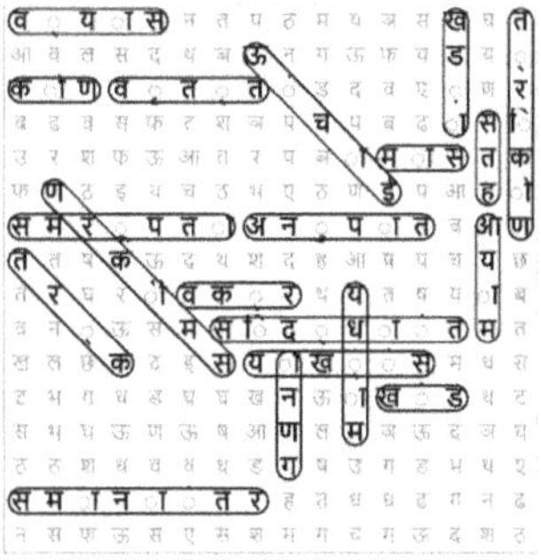

9 - Les Médias

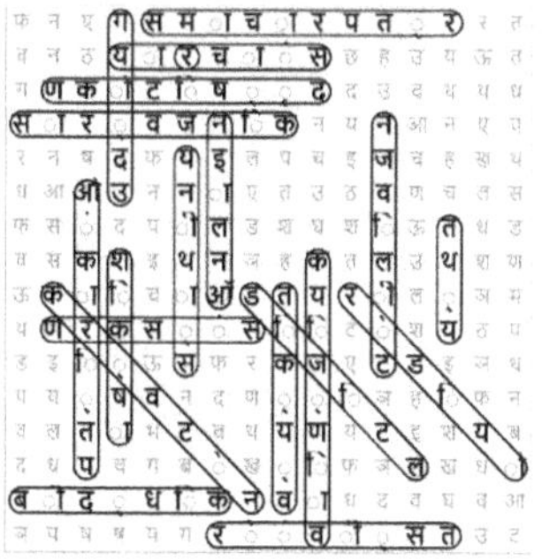

10 - Diplomatie

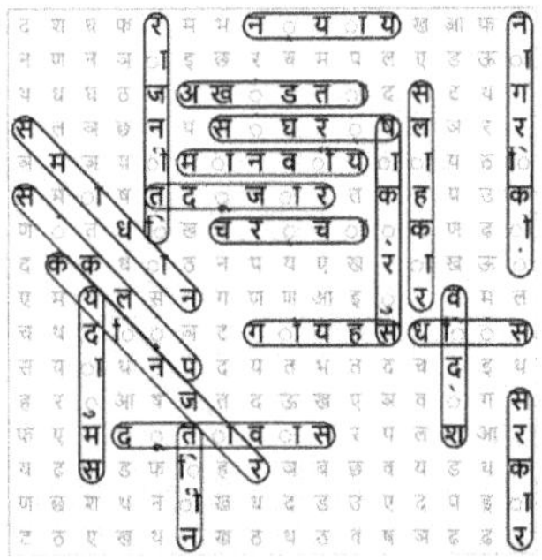

11 - Électricité

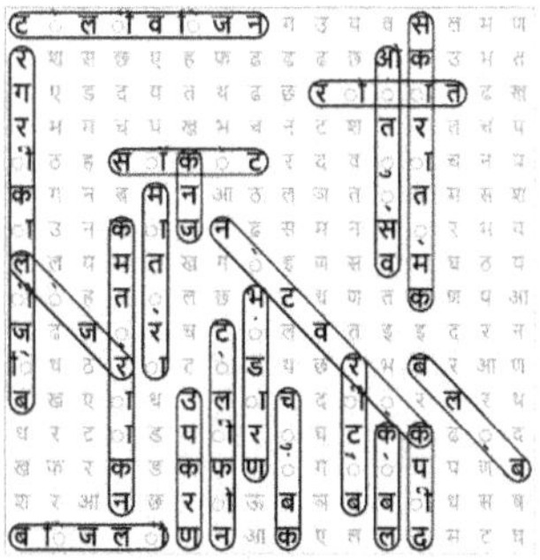

12 - Astronomie

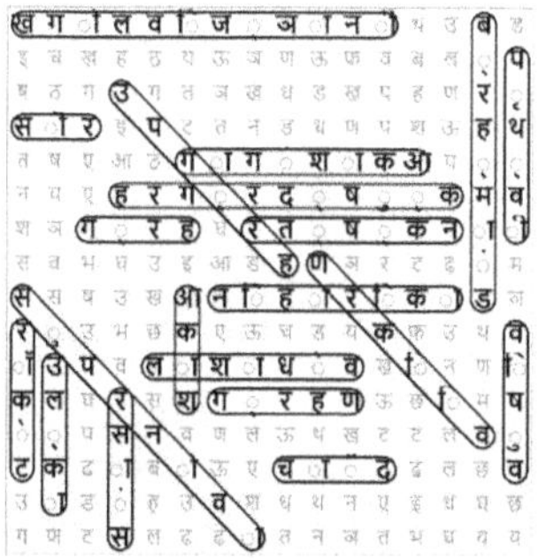

13 - Physique

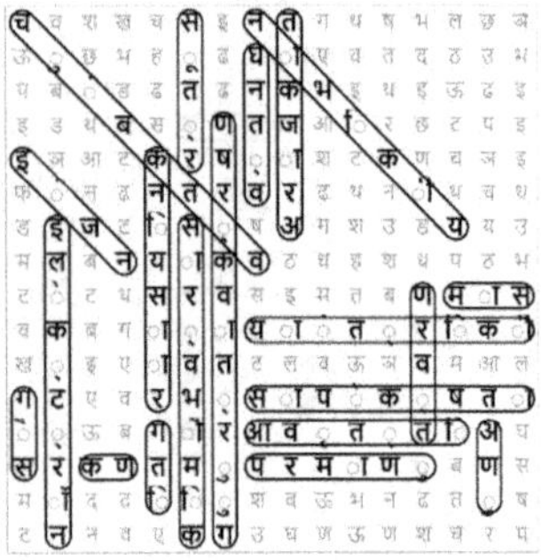

14 - Types de Cheveux

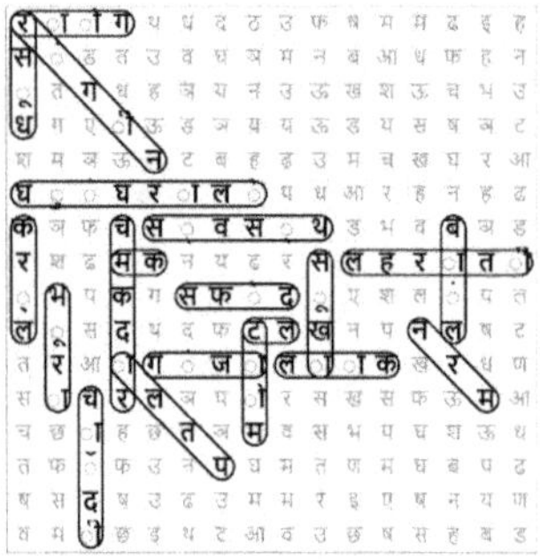

15 - Archéologie

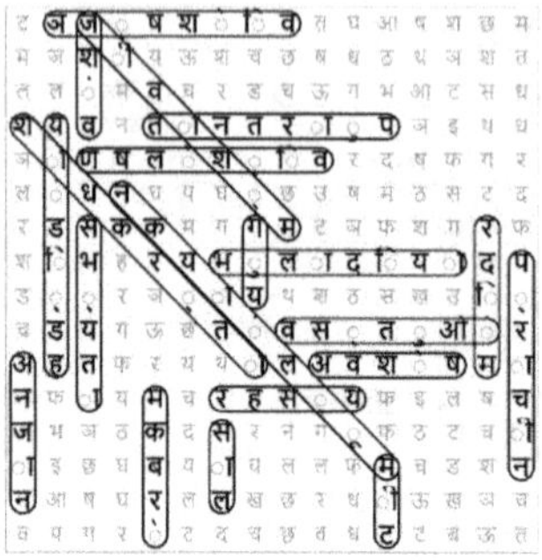

16 - Mammifères

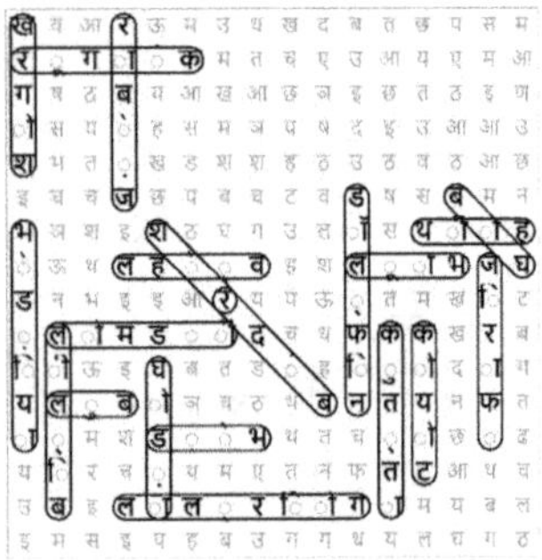

17 - Chocolat

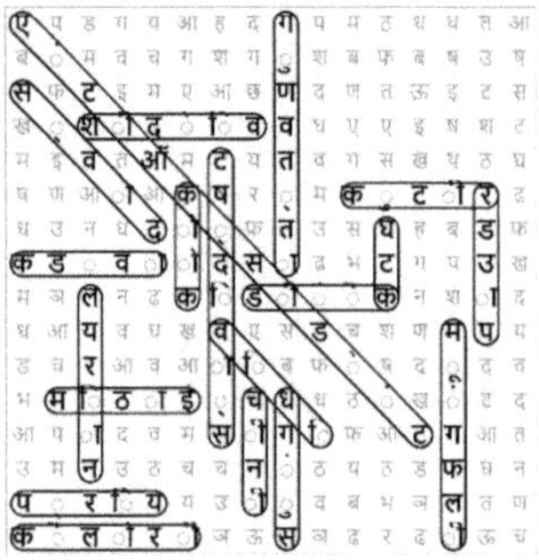

18 - Mathématiques

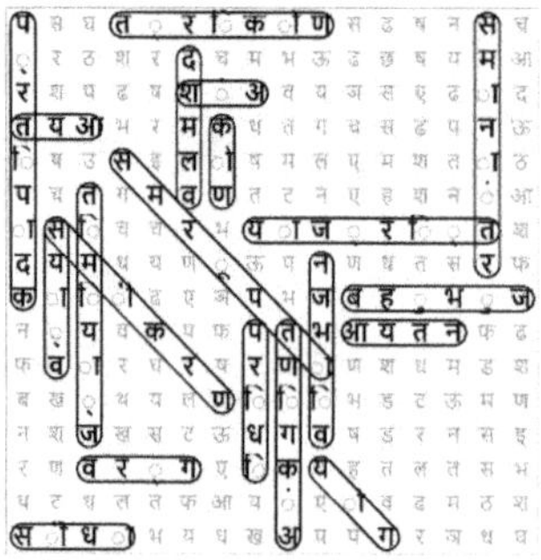

19 - Sport

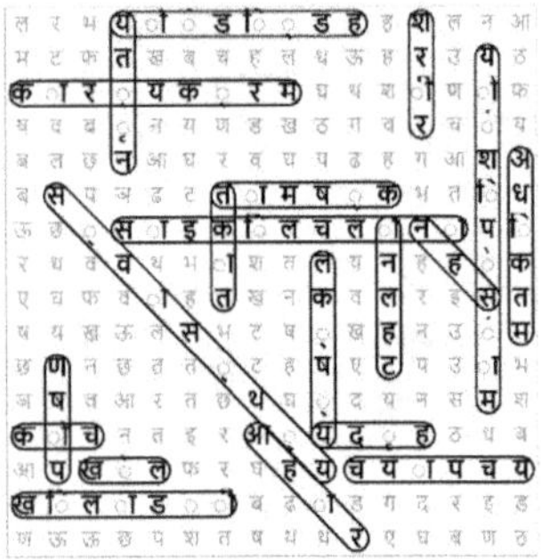

20 - Mythologie

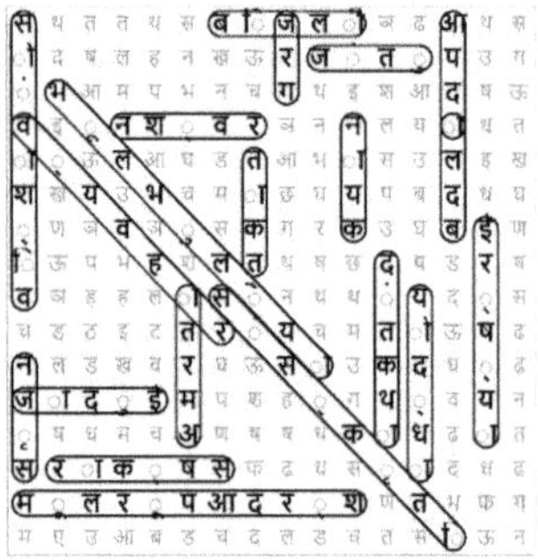

21 - Restaurant #2

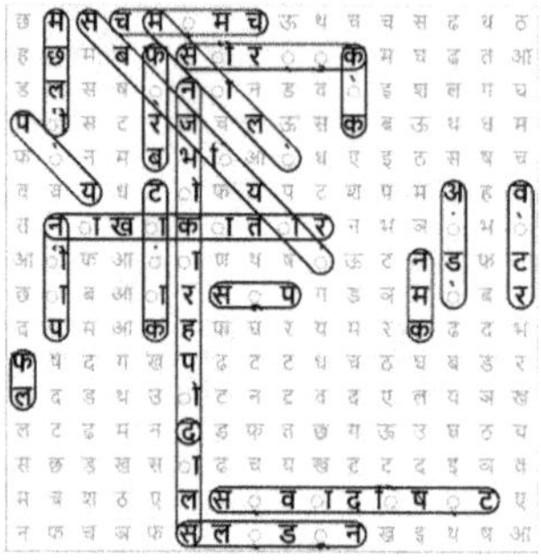

22 - Beauté

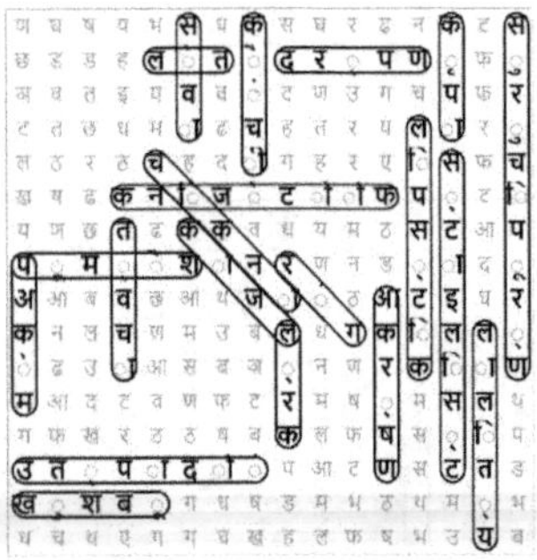

23 - Avions

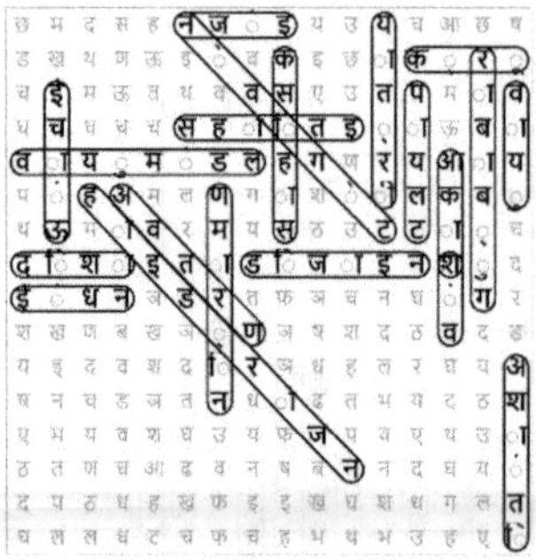

24 - Aventure

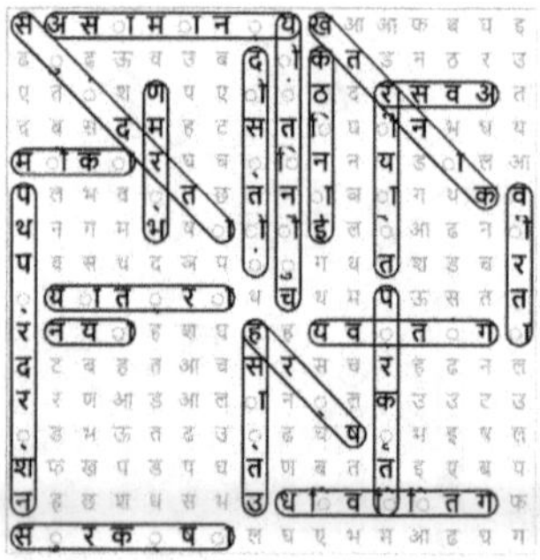

25 - Ville

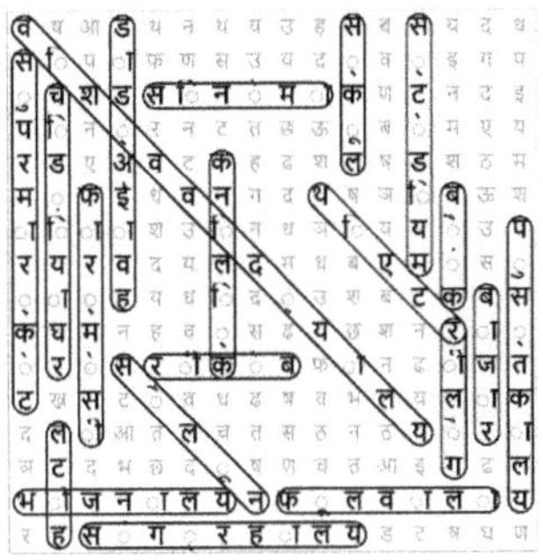

26 - Ingénierie

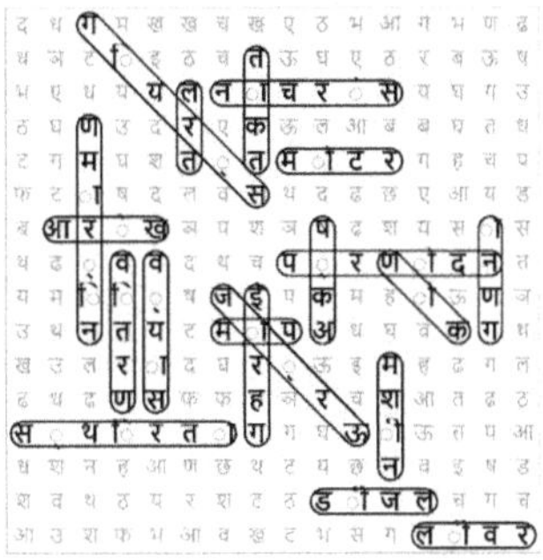

27 - Énergie

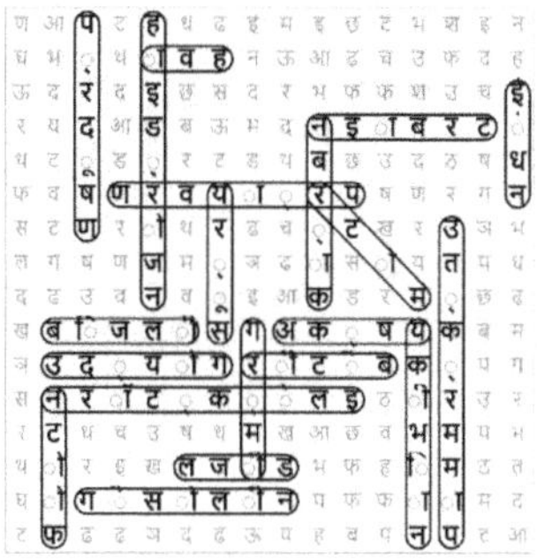

28 - Corps Humain

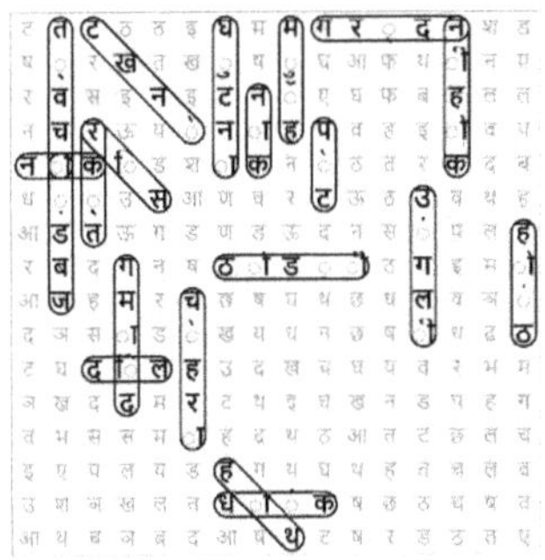

29 - Biologie

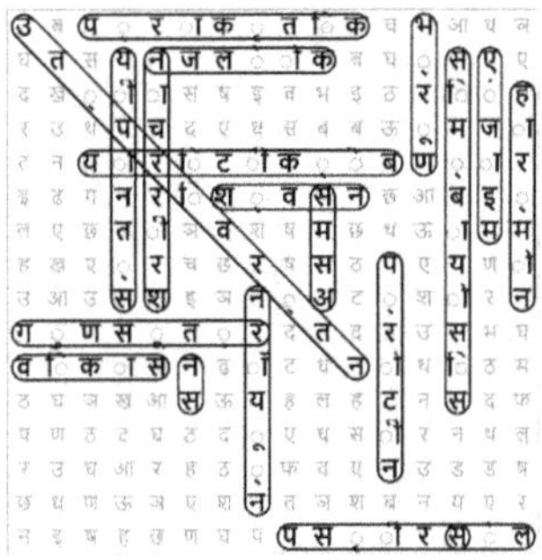

30 - Épices

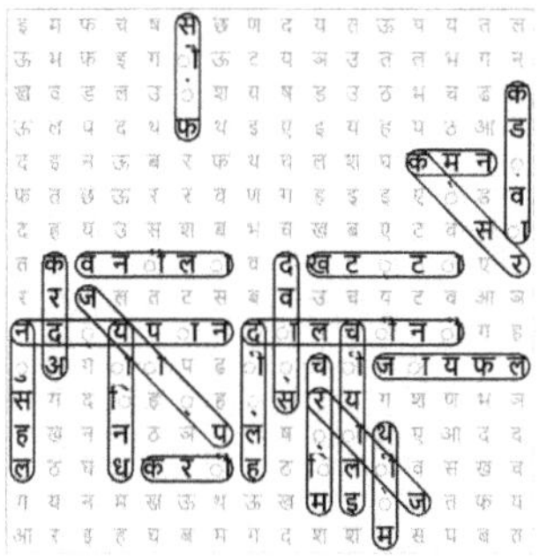

31 - Agronomie

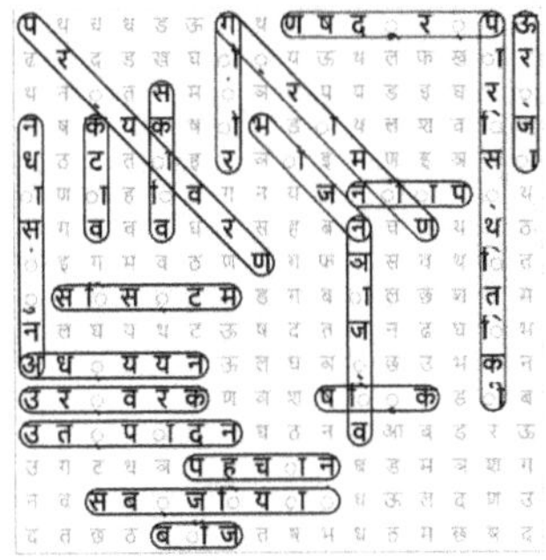

32 - Science

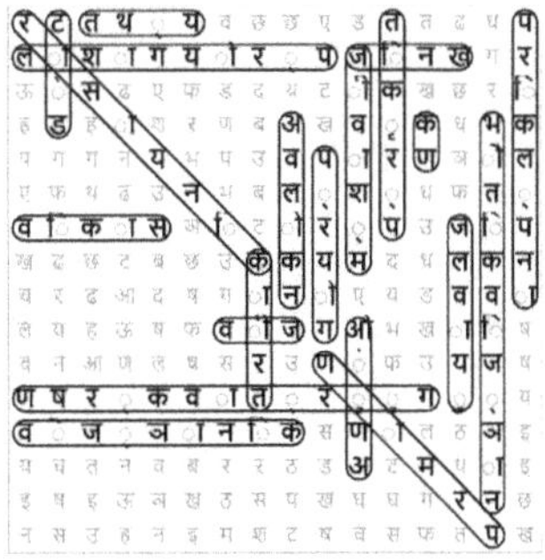

33 - Vêtements

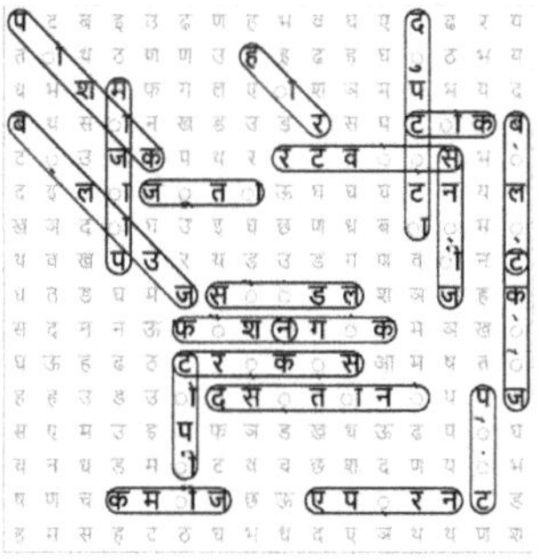

34 - Méditation

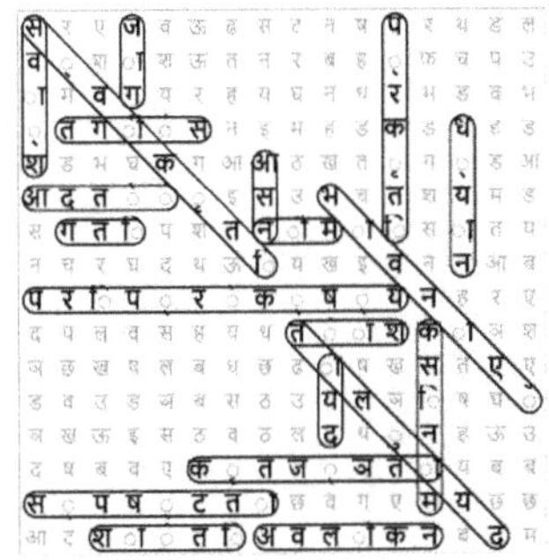

35 - Littérature

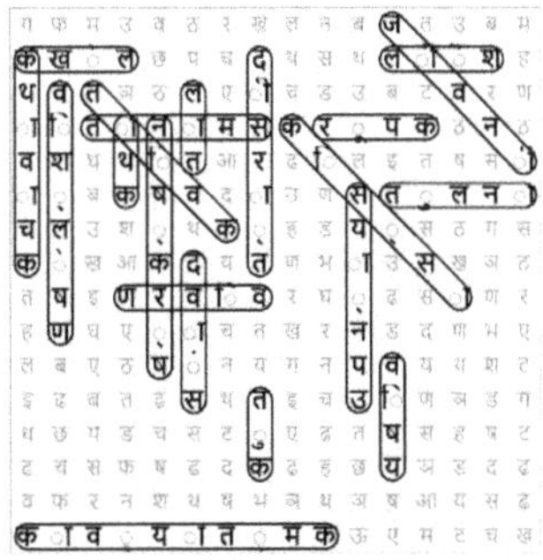

36 - Nourriture #1

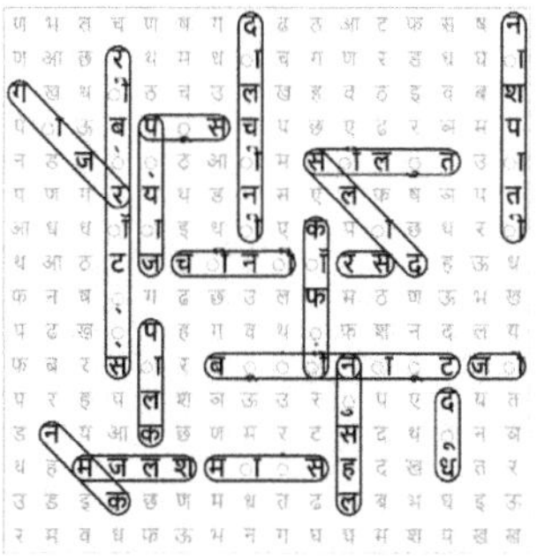

37 - Jours et Mois

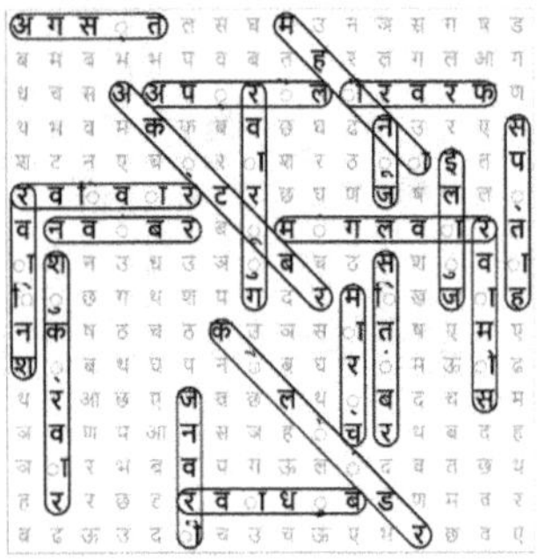

38 - Jardinage

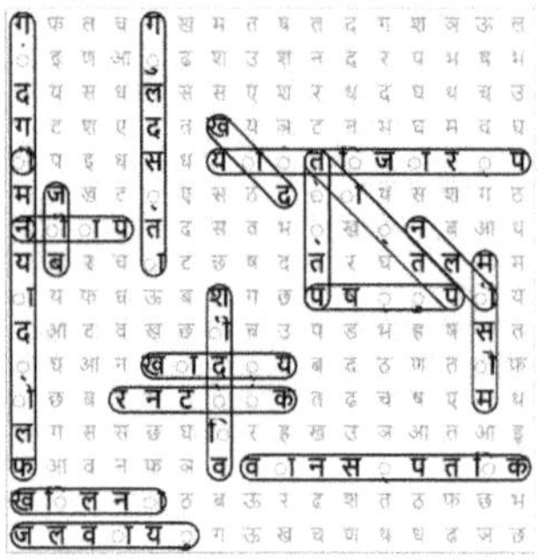

39 - Entreprise

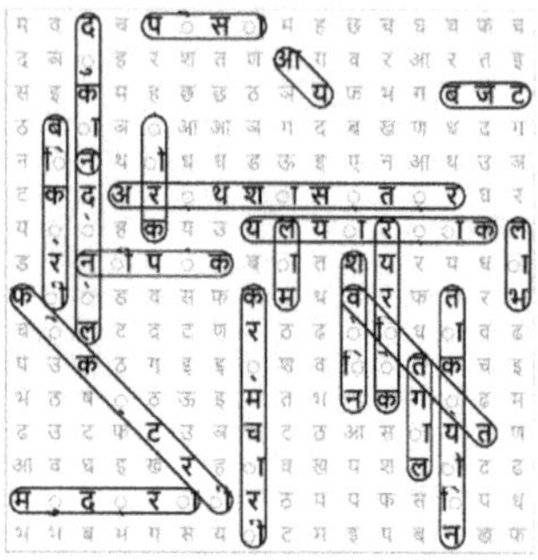

40 - Activités

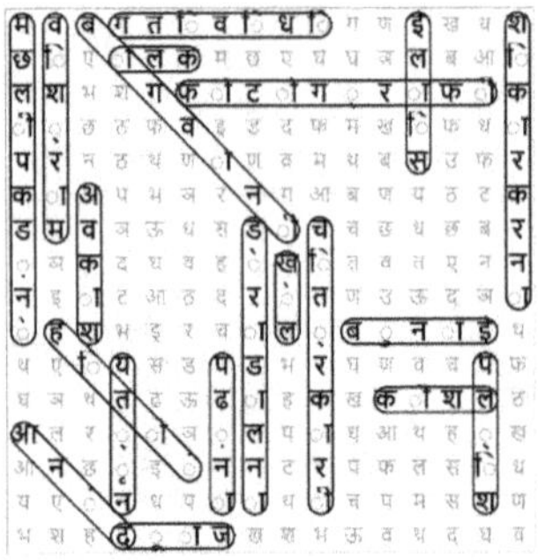

41 - Mode

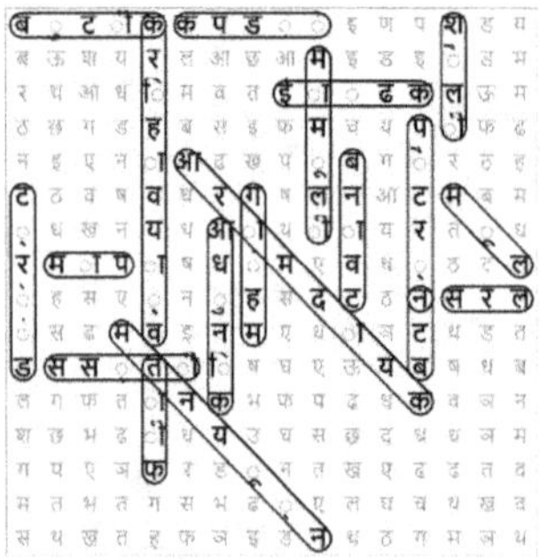

42 - Nourriture #2

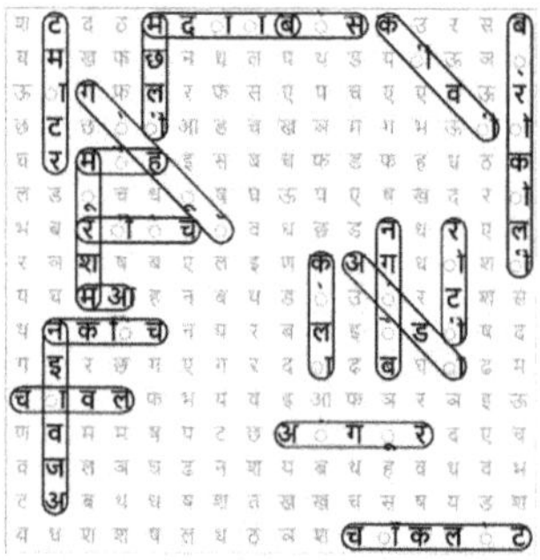

43 - Algèbre

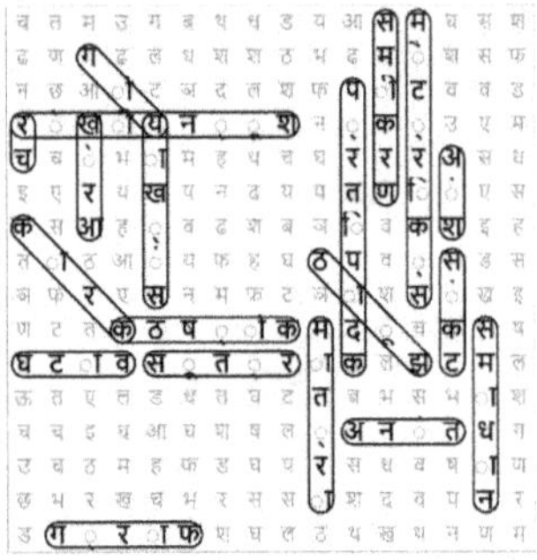

44 - Océan

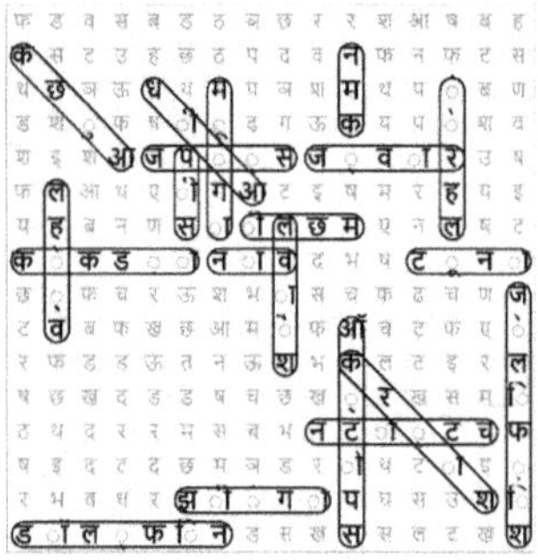

45 - Antiquités

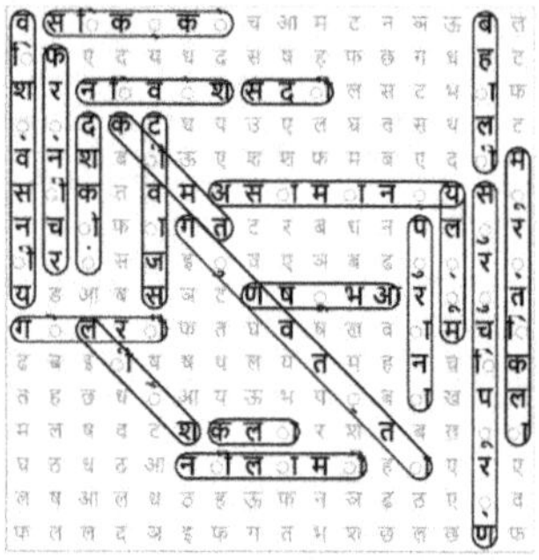

46 - Boxe

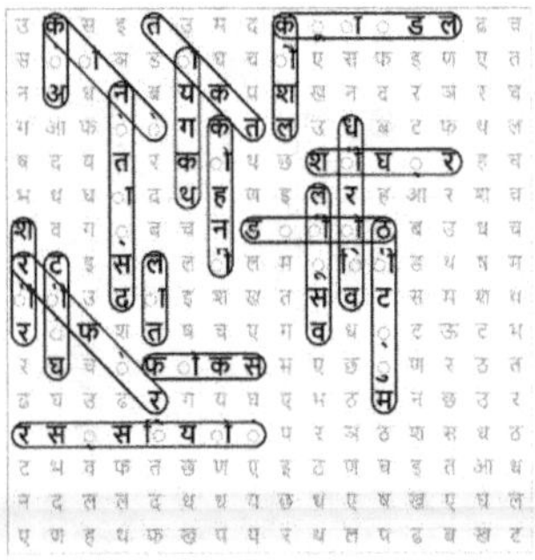

47 - Réchauffement Cli

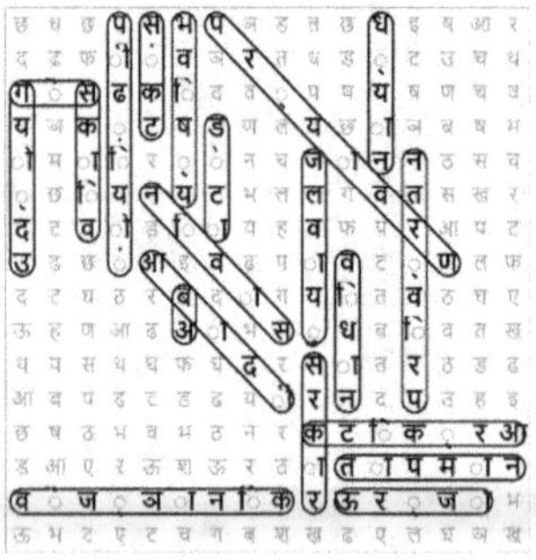

48 - Ballet

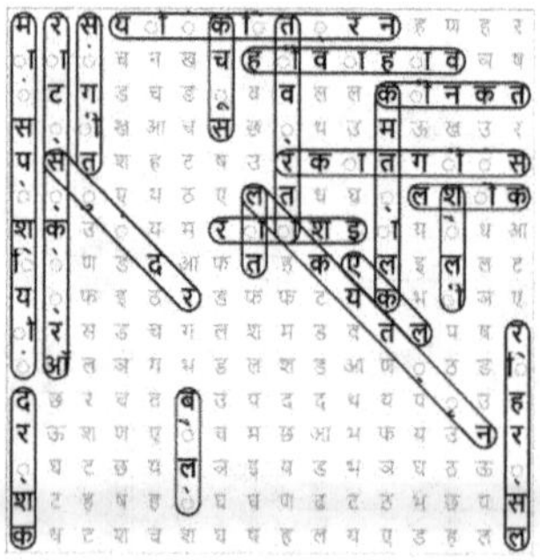

49 - Fruit

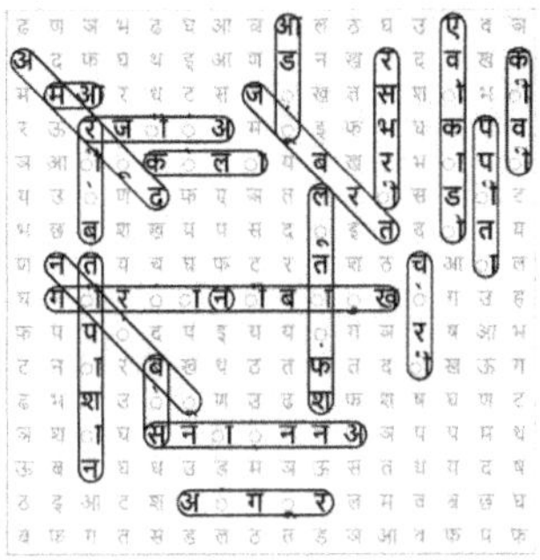

50 - Technologie

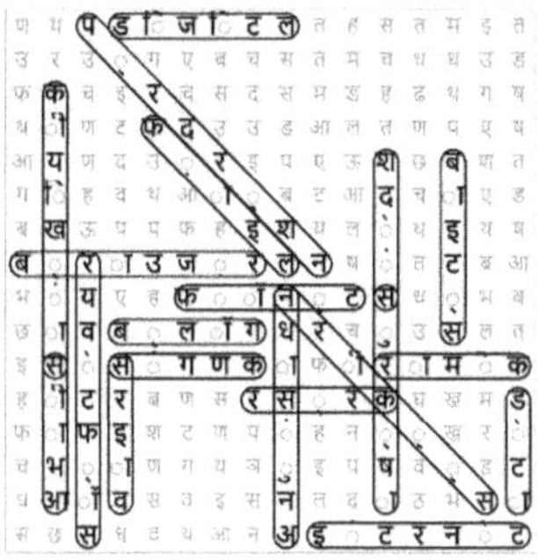

51 - Musique

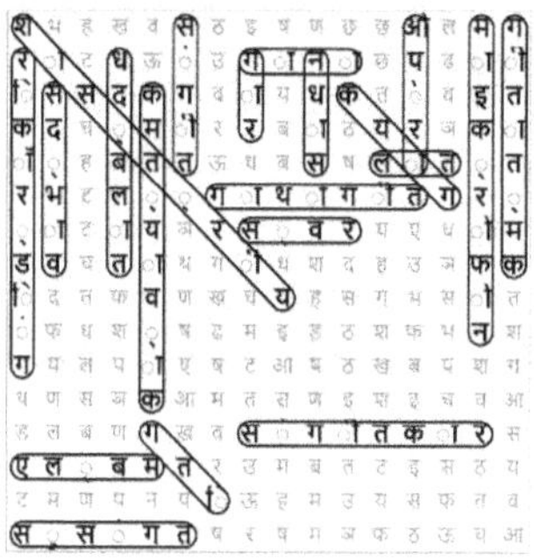

52 - Météo

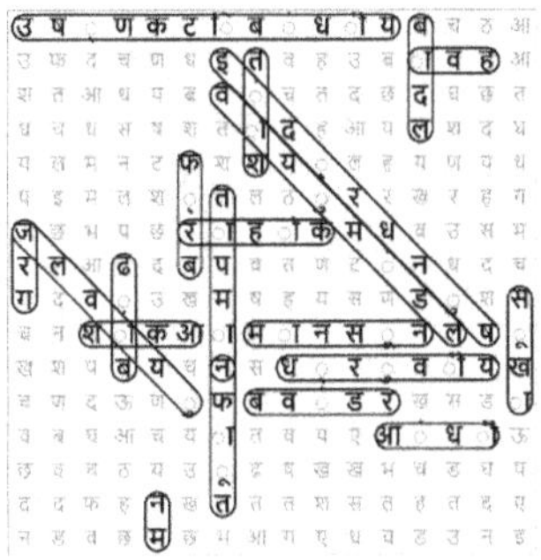

53 - L'Entreprise

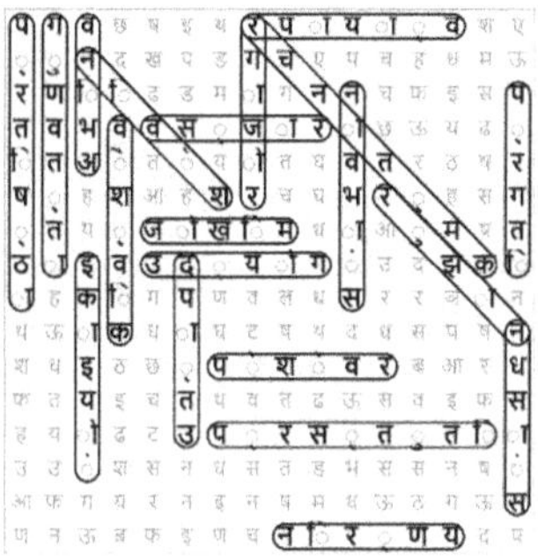

54 - Gouvernement

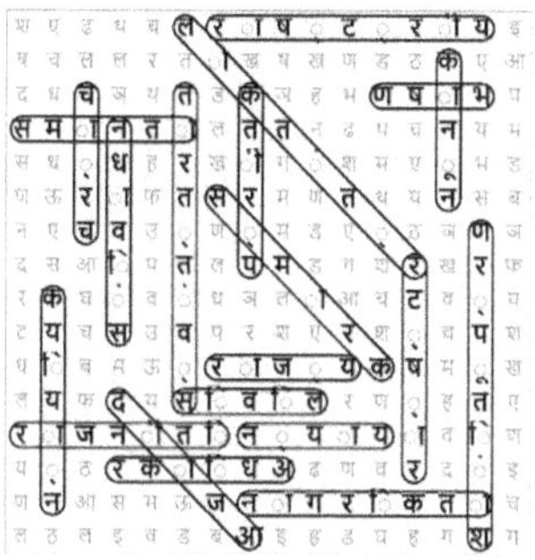

55 - Randonnée

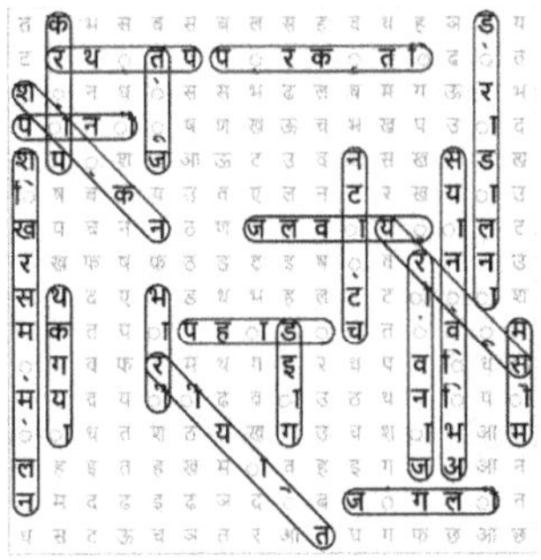

56 - Nutrition

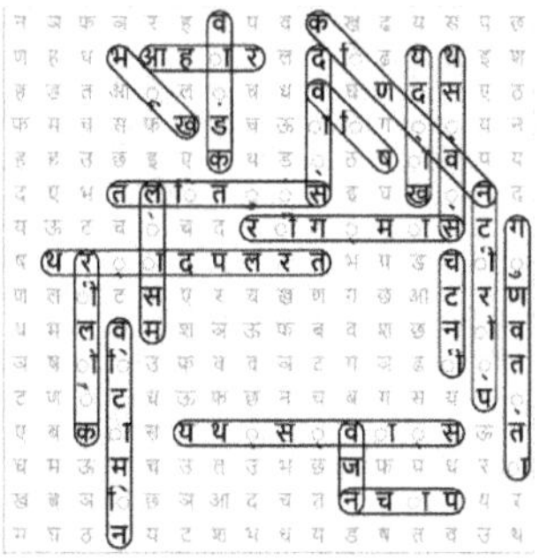

57 - Créativité

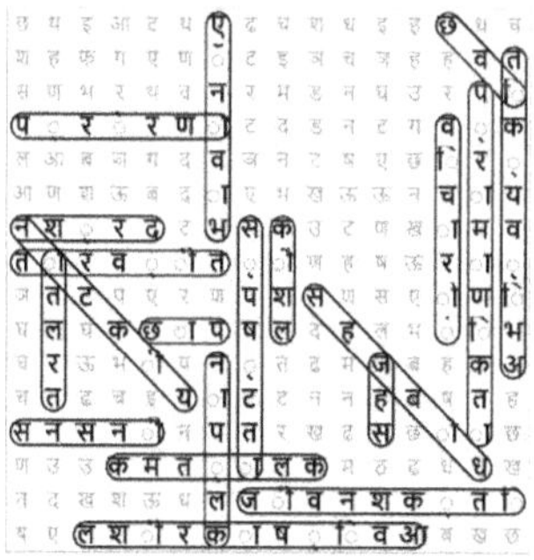

58 - Science Fiction

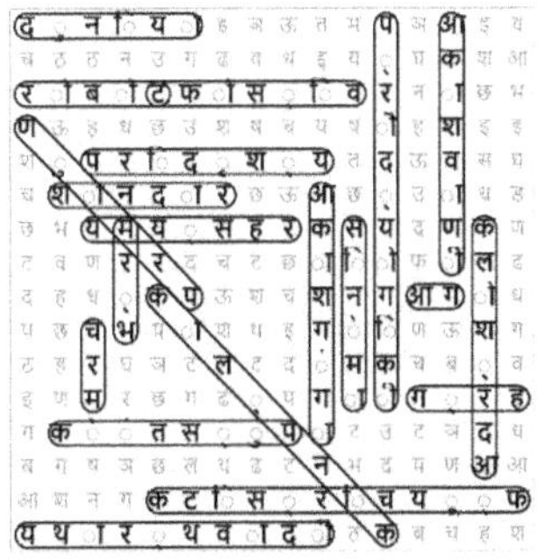

59 - Professions #1

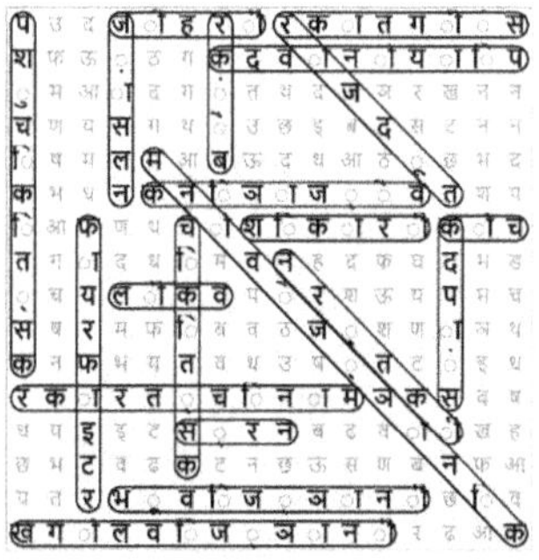

60 - Géologie

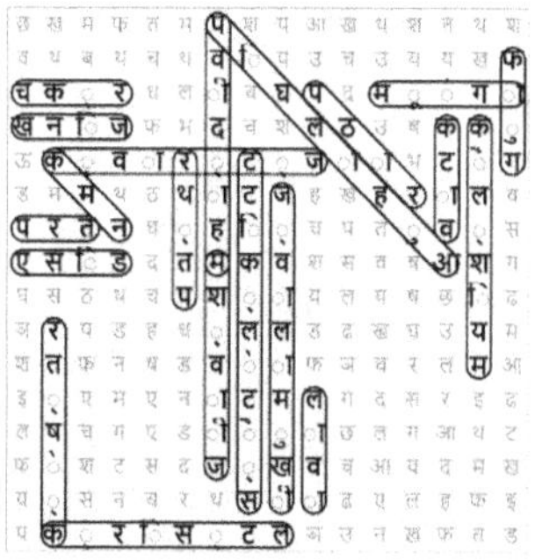

61 - Jardin

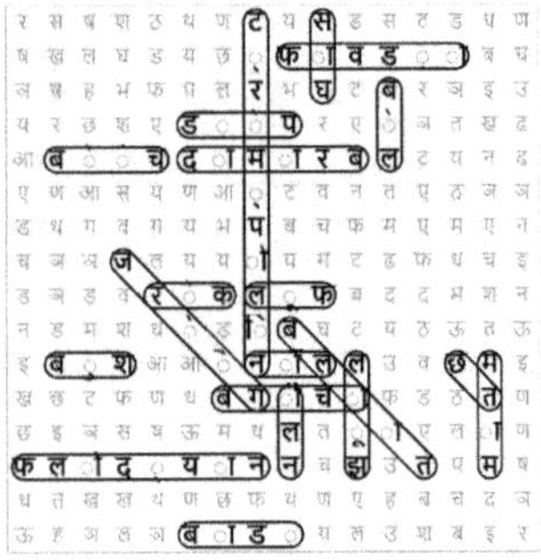

62 - Santé et Bien Être #1

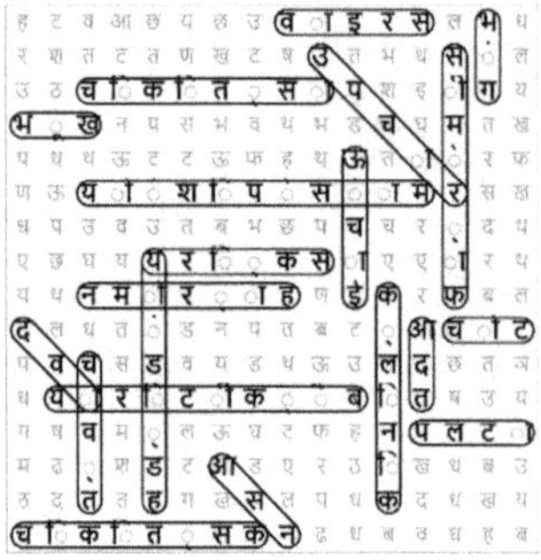

63 - Barbecues

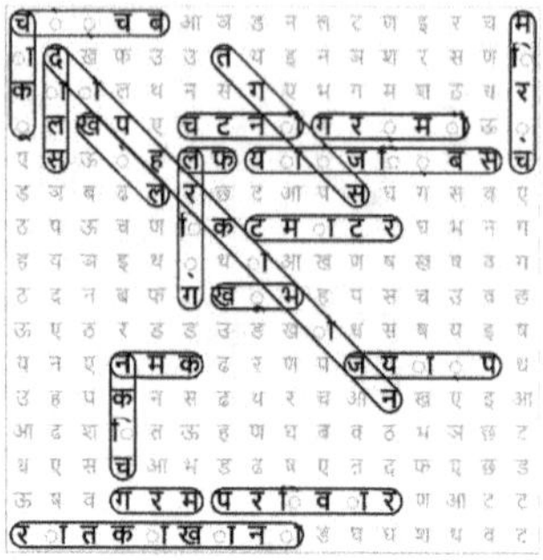

64 - Forêt Tropicale

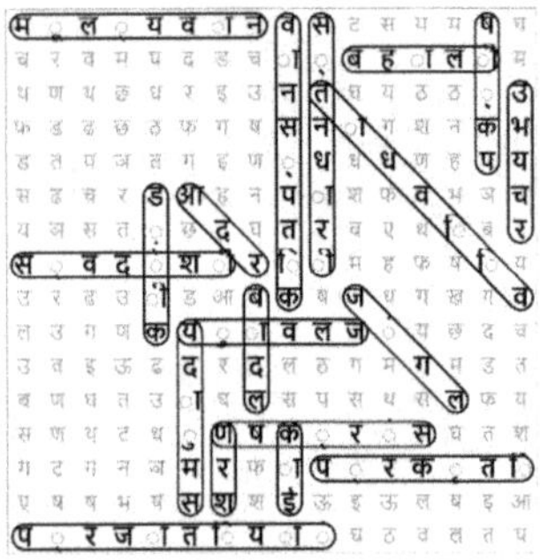

65 - Ferme #1

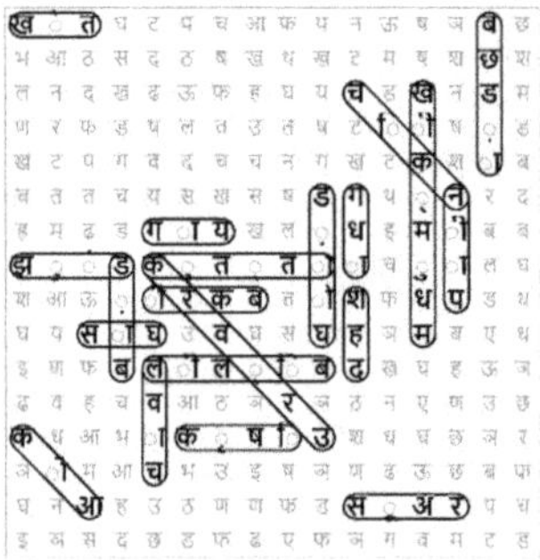

66 - Café

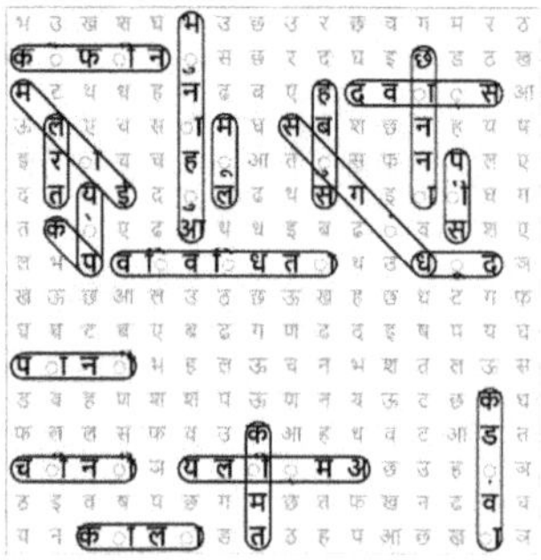

67 - Antarctique

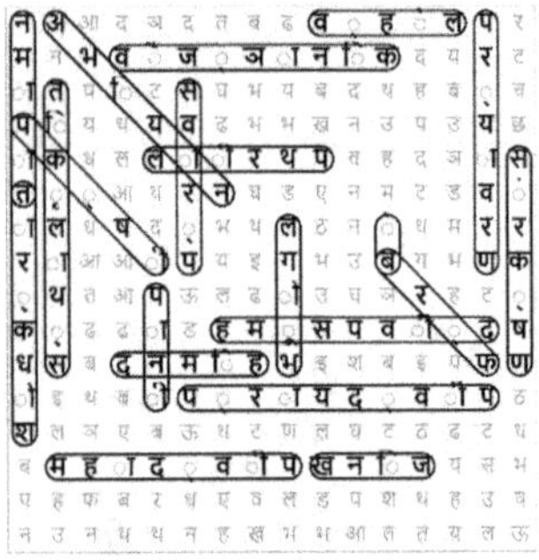

68 - Professions #2

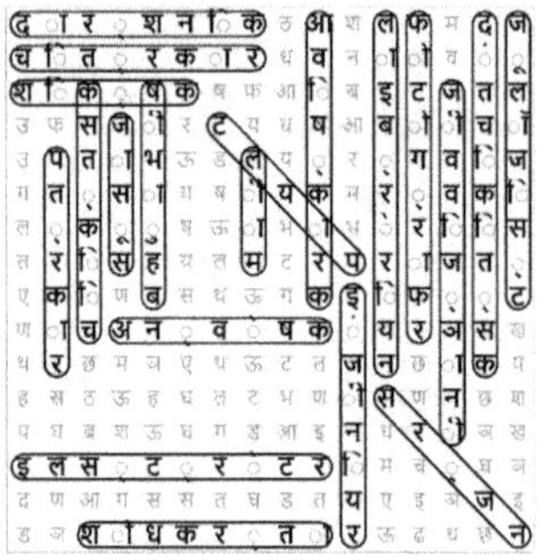

69 - Les Abeilles

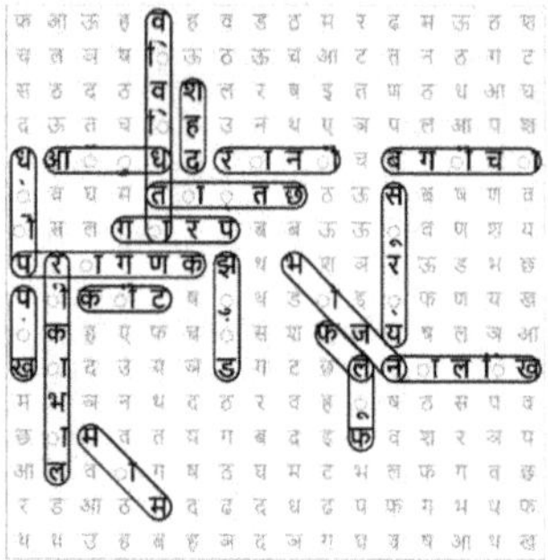

70 - Santé et Bien Être #2

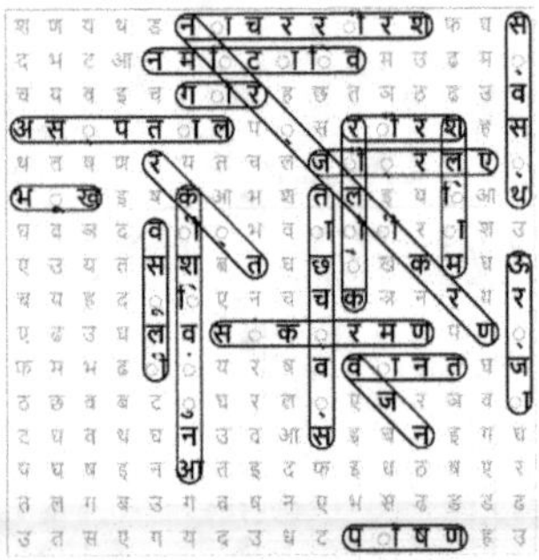

71 - Conduite

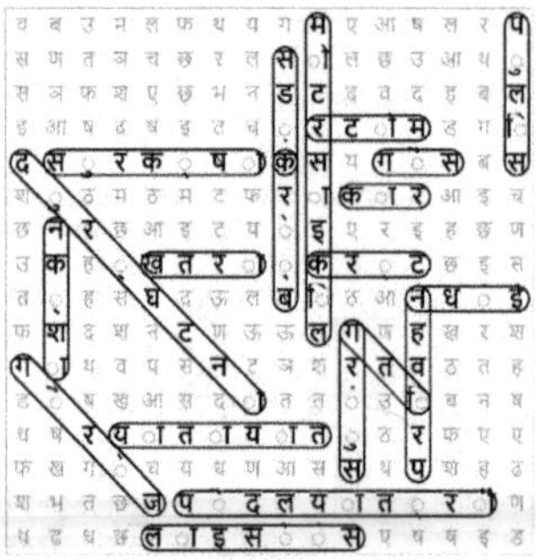

72 - Plantes

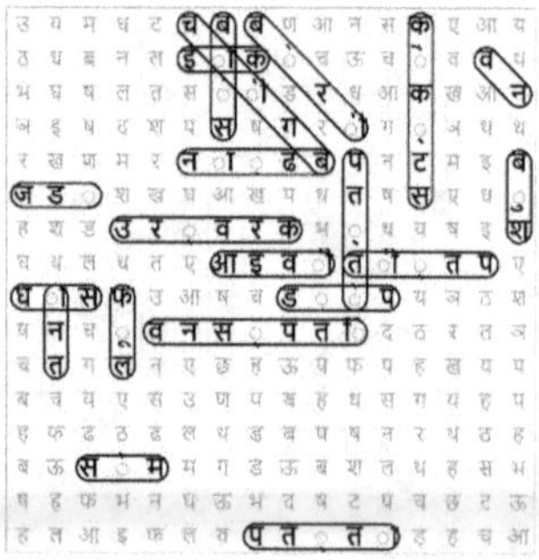

73 - Ferme #2

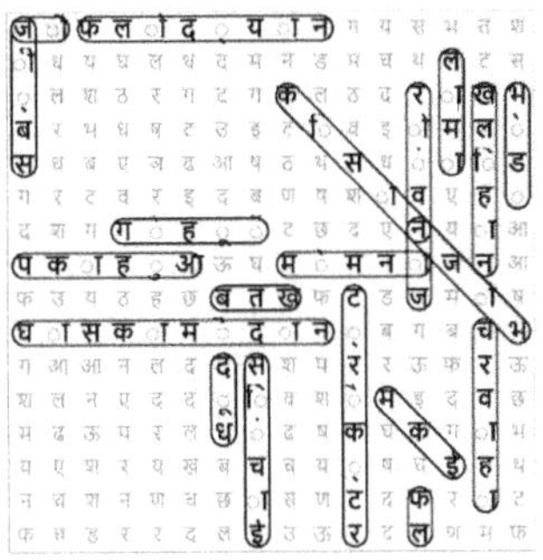

74 - Vacances #2

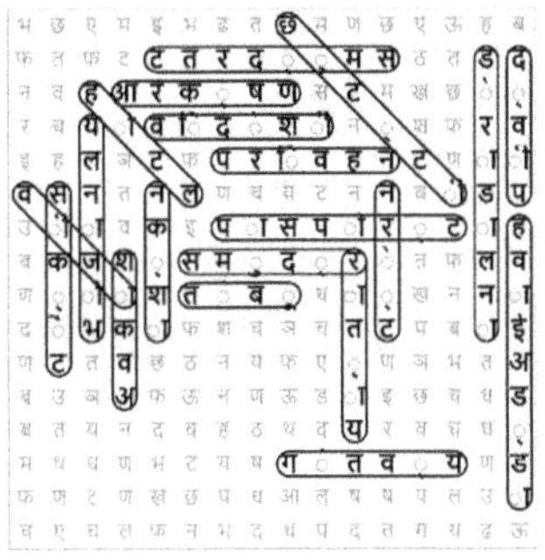

75 - Éthique

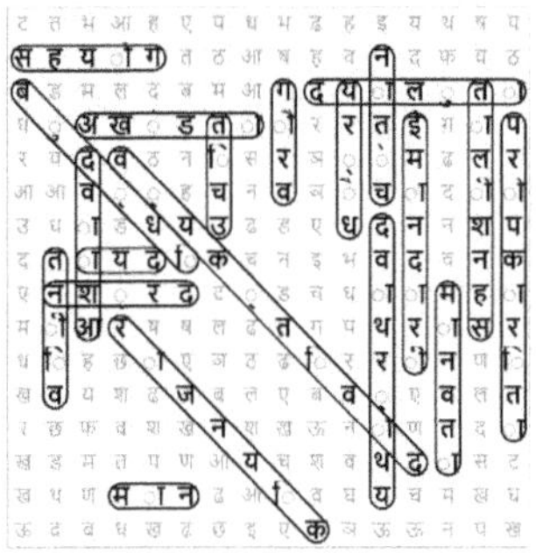

76 - Temps

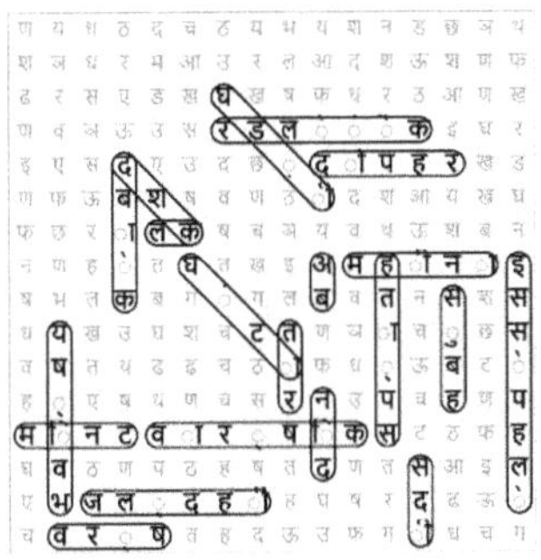

77 - Immigration

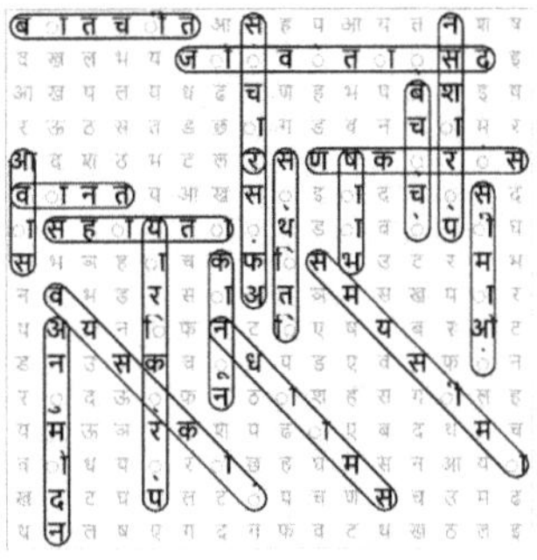

78 - Maison

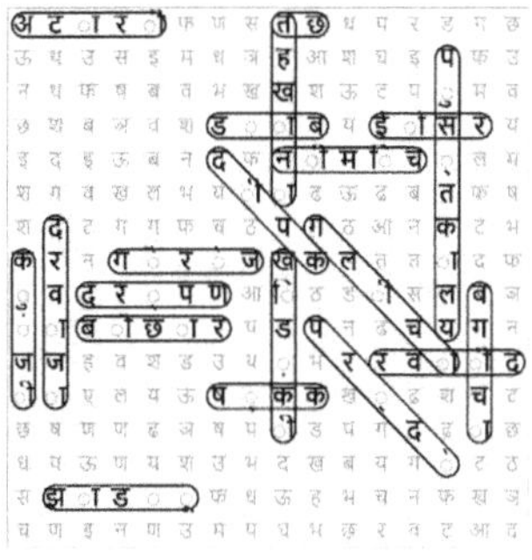

79 - Légumes

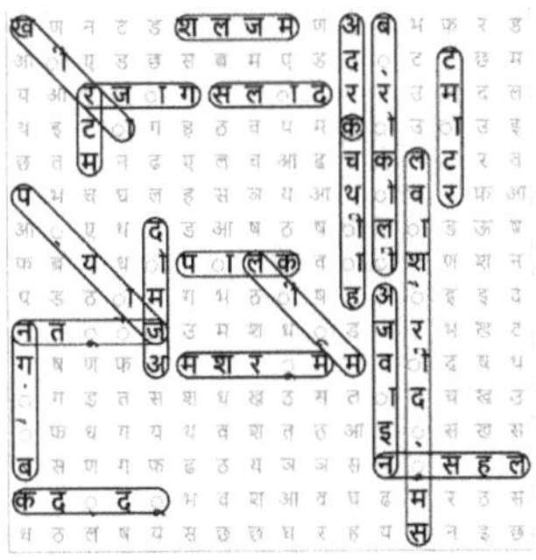

80 - Famille

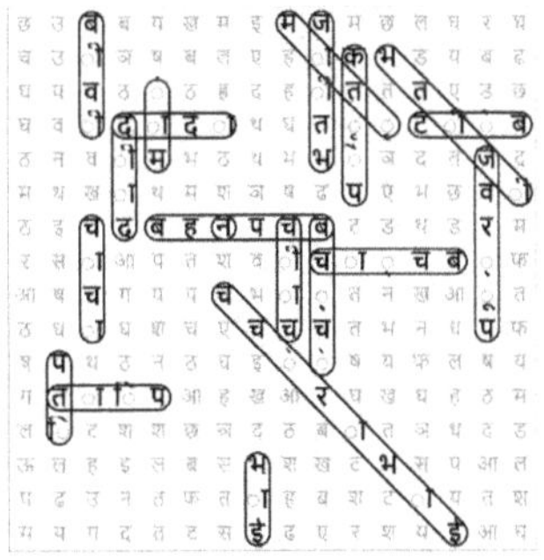

81 - Oiseaux

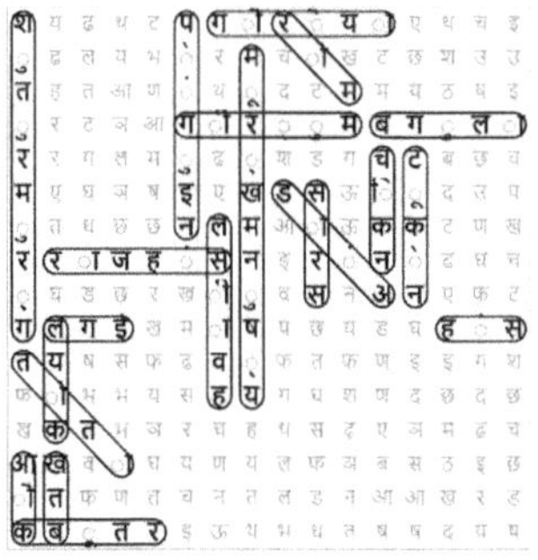

82 - Disciplines Scientifiques

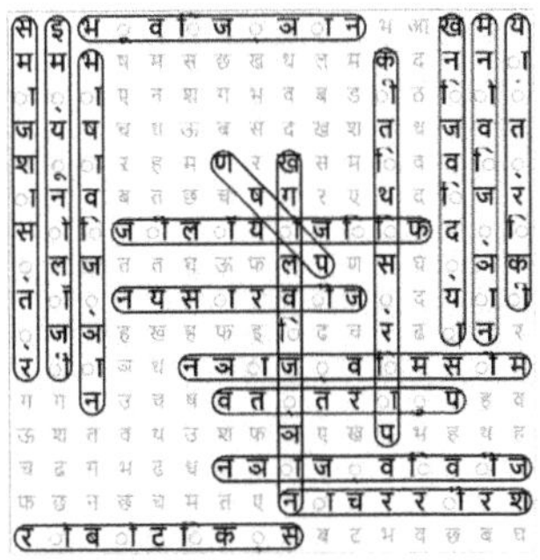

83 - Maladie

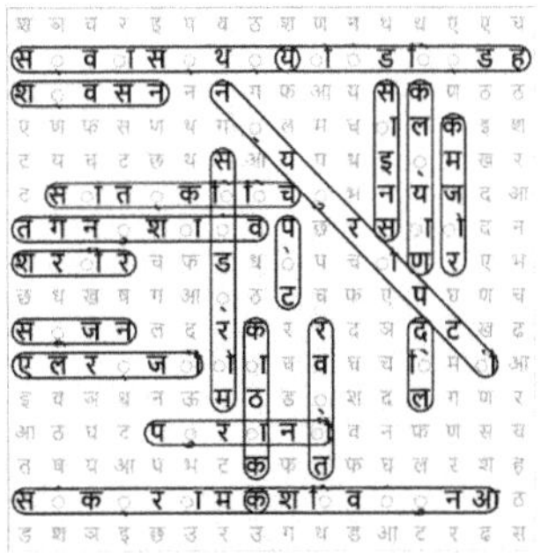

84 - Univers

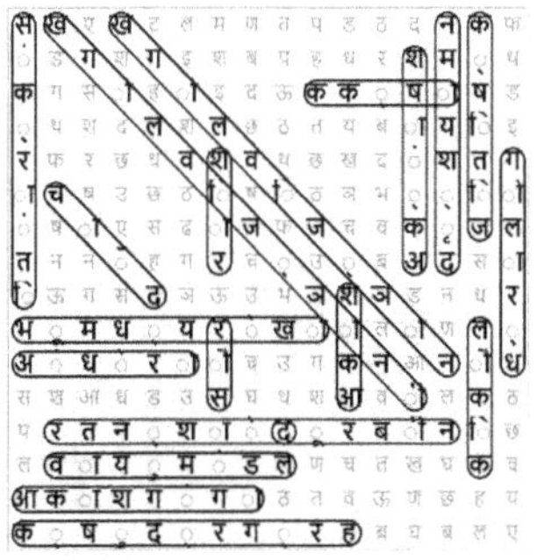

85 - Géographie

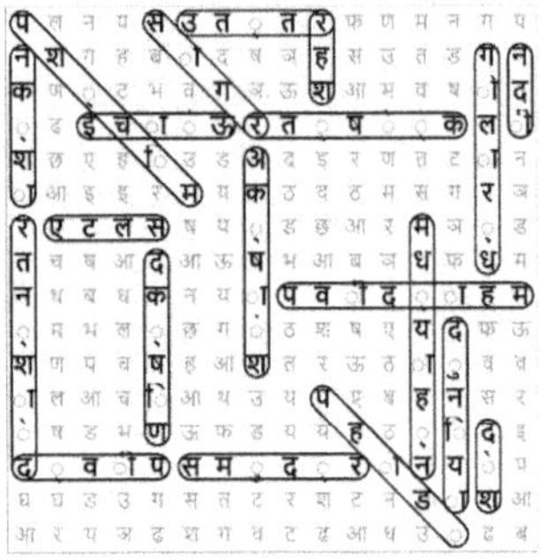

86 - Danse

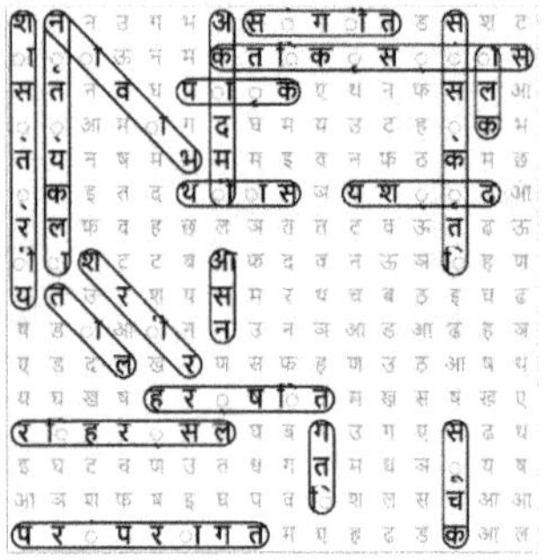

87 - Bâtiments

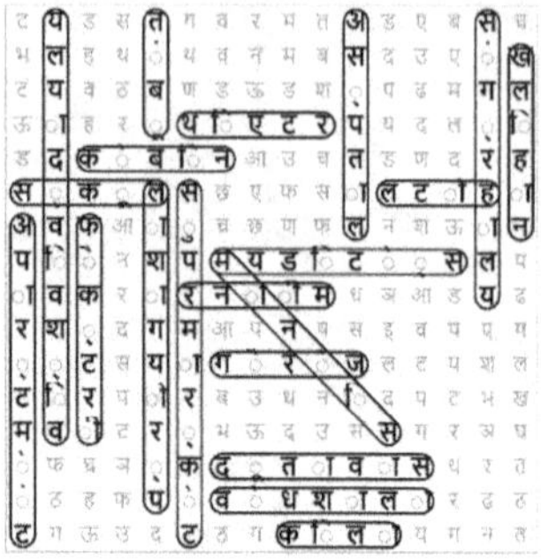

88 - Livres

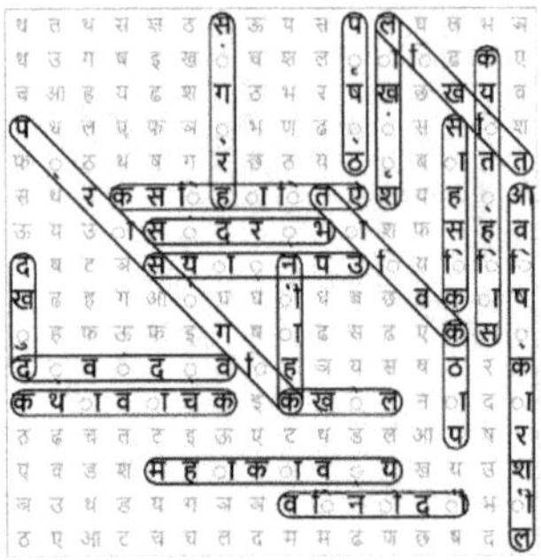

89 - Pays #2

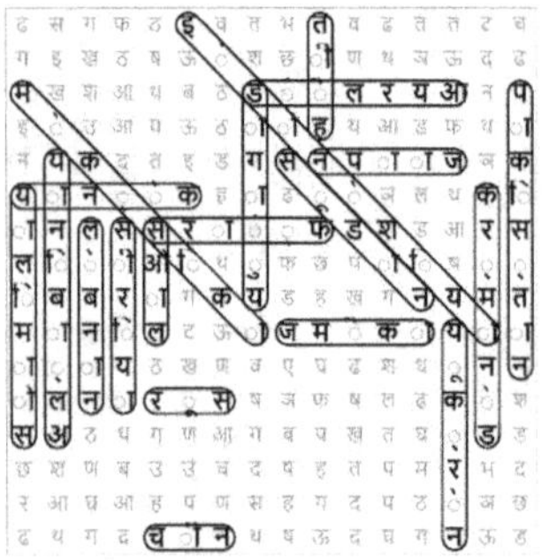

90 - Fournitures d'Art

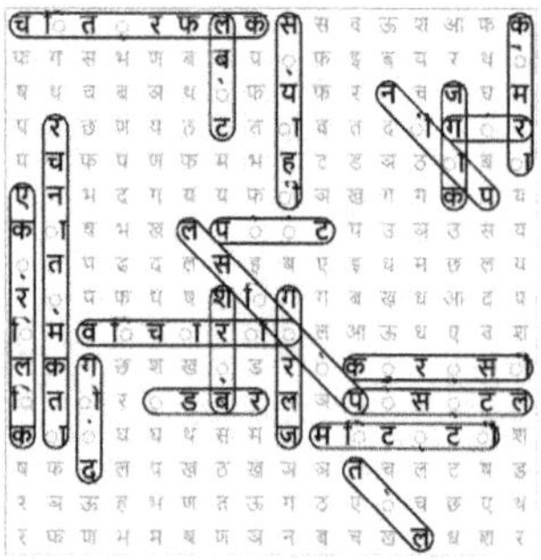

91 - Compétences Professionnelles

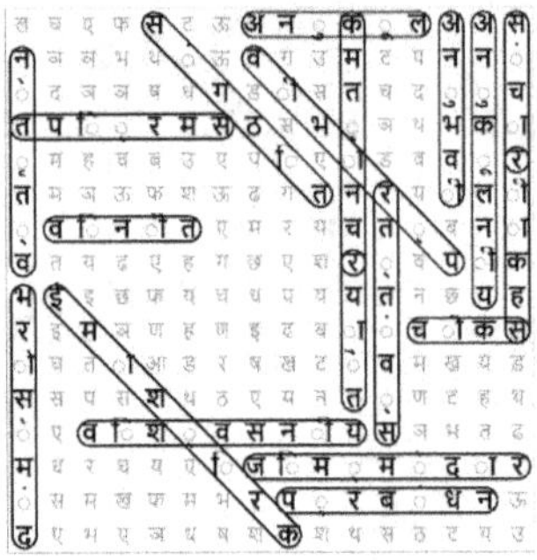

92 - Jazz

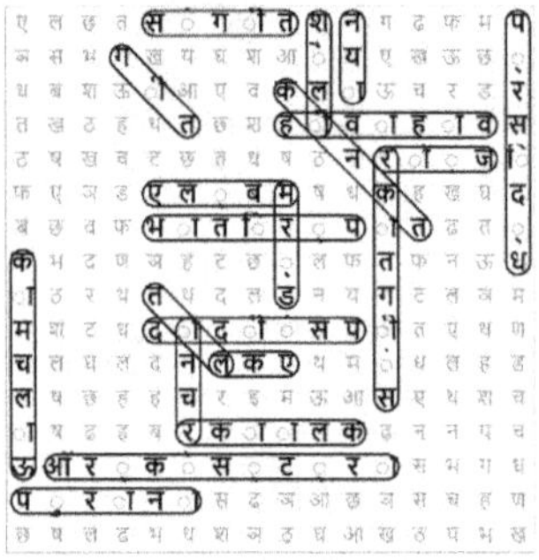

93 - Paysages

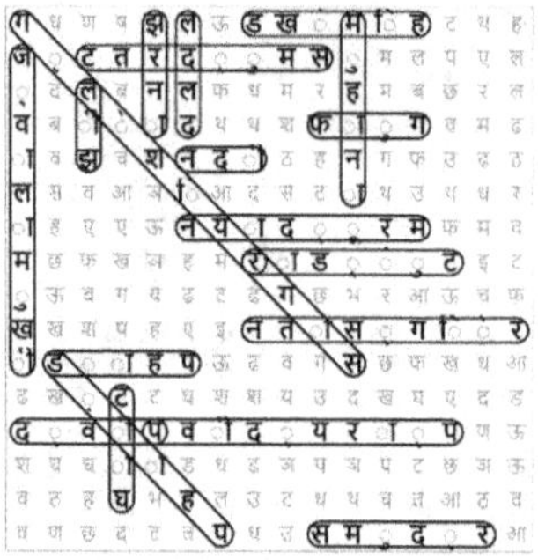

94 - Pays #1

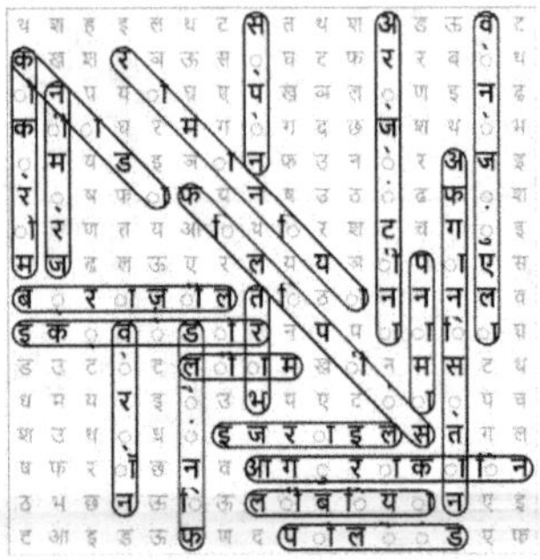

95 - Nombres

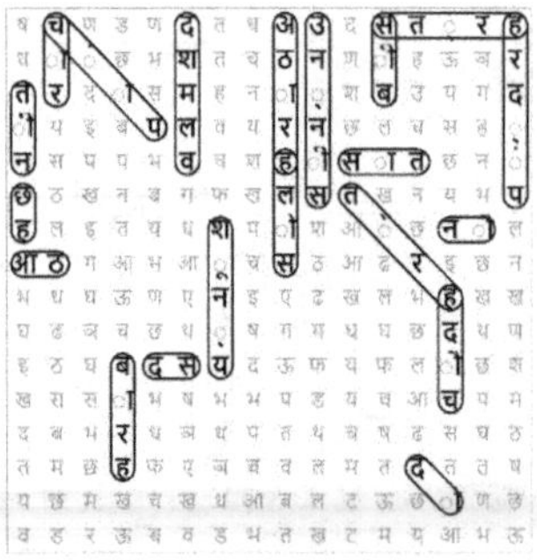

96 - Psychologie

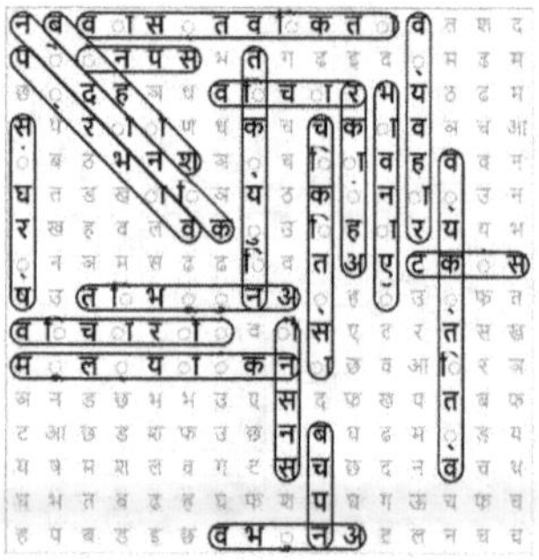

97 - Nature

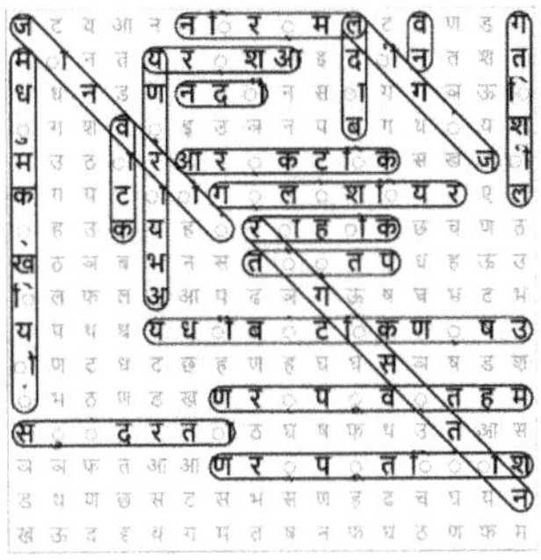

98 - Chimie

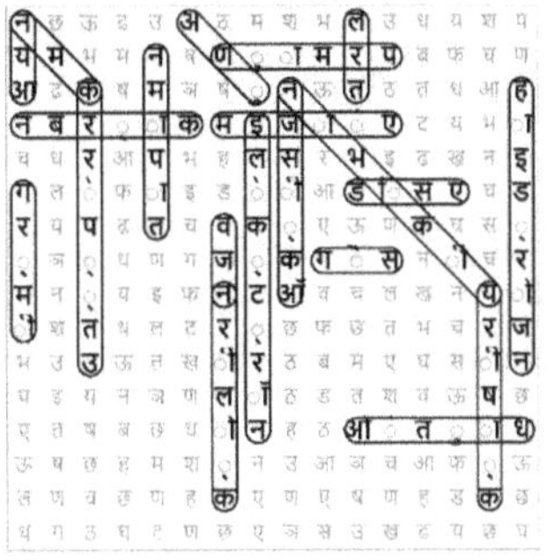

99 - Bateaux

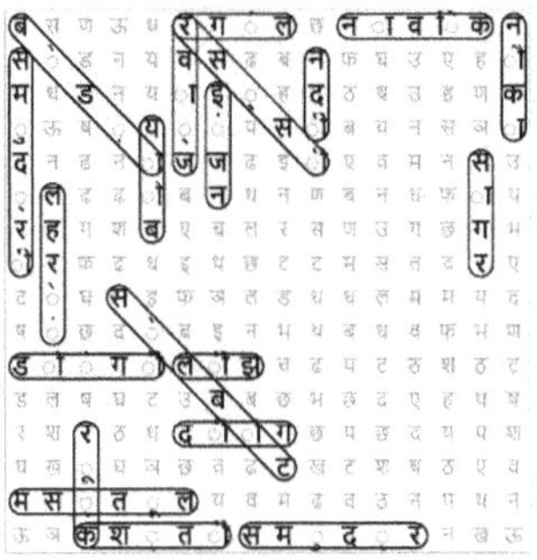

100 - Mesures

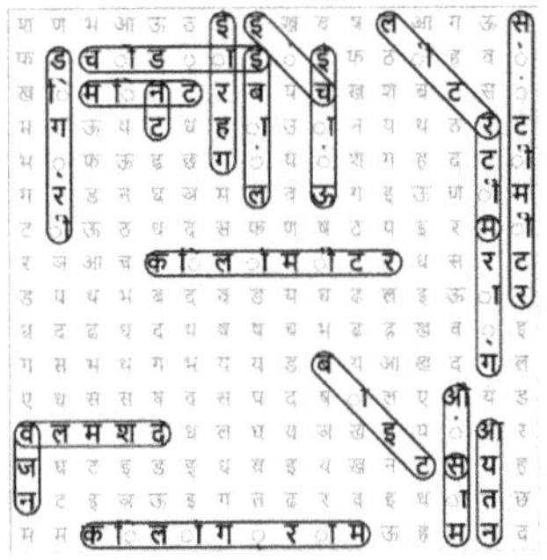

Dictionnaire

Activités
गतविधियाँ

Activité	गतविधि
Art	कला
Artisanat	शल्पि
Camping	डेरा डालना
Chasse	शकिार करना
Compétence	कौशल
Couture	सलिाई
Danse	नृत्य
Intérêts	हतिों
Jardinage	बागवानी
Jeux	खेल
Lecture	पढ़ना
Loisir	अवकाश
Magie	जादू
Peinture	चत्रिकारी
Pêche	मछली पकड़ने
Photographie	फोटोग्राफी
Plaisir	आनंद
Relaxation	वश्रिाम
Tricot	बुनाई

Adjectifs #1
वशिषण #1

Absolu	नरिपेक्ष
Actif	सक्रयि
Ambitieux	महत्वाकांक्षी
Aromatique	खुशबूदार
Artistique	कलात्मक
Attractif	आकर्षक
Beau	सुंदर
Exotique	वदिशी
Énorme	वशिाल
Généreux	उदार
Honnête	ईमानदार
Identique	समान
Important	महत्वपूर्ण
Innocent	मासूम
Jeune	युवा
Lent	धीमा
Lourd	भारी
Mince	पतला
Moderne	आधुनकि
Parfait	उत्तम

Adjectifs #2
वशिषण #2

Authentique	वश्विसनीय
Célèbre	प्रसद्धि
Créatif	रचनात्मक
Descriptif	वर्णनात्मक
Doué	उपहार दयिा
Dramatique	नाटकीय
Élégant	सुरुचपूर्ण
Fier	गर्व
Fort	मजबूत
Intéressant	दलिचस्प
Naturel	प्राकृतकि
Nouveau	नया
Productif	उत्पादक
Puissant	शक्तशिाली
Pur	शुद्ध
Responsable	जम्मिेदार
Sain	स्वस्थ
Salé	नमकीन
Sauvage	जंगली
Sec	सूखा

Agronomie
कृषविज्ञिान

Agriculture	कृषि
Croissance	वकिास
Eau	पानी
Engrais	उर्वरक
Environnement	पर्यावरण
Écologie	पारस्थितिकी
Énergie	ऊर्जा
Érosion	कटाव
Étude	अध्ययन
Graines	बीज
Identification	पहचान
Légumes	सब्जयिां
Maladies	रोगों
Nourriture	भोजन
Pollution	प्रदूषण
Production	उत्पादन
Recherche	अनुसंधान
Rural	ग्रामीण
Science	वज्ञिान
Systèmes	सस्टिम

Algèbre
बीजगणति

Diagramme	आरेख
Exposant	प्रतपिादक
Équation	समीकरण
Facteur	कारक
Faux	झूठा
Formule	सूत्र
Fraction	अंश
Graphique	ग्राफ
Infini	अनंत
Linéaire	रेखीय
Matrice	मैट्रक्सि
Nombre	संख्या
Parenthèse	कोष्ठक
Problème	संकट
Quantité	मात्रा
Solution	समाधान
Somme	योग
Soustraction	घटाव
Variable	चर
Zéro	शून्य

Antarctique
अंटार्कटकिा

Baie	बे
Baleines	व्हेल
Chercheur	शोधकर्ता
Conservation	संरक्षण
Continent	महाद्वीप
Eau	पानी
Environnement	पर्यावरण
Expédition	अभयिान
Géographie	भूगोल
Glace	बर्फ
Glaciers	हमिनद
Îles	द्वीप समूह
Migration	प्रवास
Minéraux	खनजि
Oiseaux	पक्षी
Péninsule	प्रायद्वीप
Rocheux	पथरीला
Scientifique	वैज्ञानकि
Température	तापमान
Topographie	स्थलाकृति

Antiquités
प्राचीन वस्तुएँ

Art	कला
Authentique	वशि्वसनीय
Bijoux	आभूषण
Décennies	दशकों
Décoratif	सजावटी
Enchères	नीलामी
Élégant	सुरुचपिूर्ण
Galerie	गैलरी
Inhabituel	असामान्य
Investissement	नविश
Meubles	फर्नीचर
Pièces	सक्किे
Prix	कीमत
Qualité	गुणवत्ता
Restauration	बहाली
Sculpture	मूर्तकिला
Siècle	सदी
Style	शैली
Valeur	मूल्य
Vieux	पुराना

Archéologie
पुरातत्त्व

Analyse	वशि्लेषण
Ancien	प्राचीन
Années	साल
Antiquité	पुरातनता
Chercheur	शोधकर्ता
Civilisation	सभ्यता
Descendant	वंशज
Expert	वशिषज्ञ
Ère	युग
Équipe	टीम
Évaluation	मूल्यांकन
Fossile	जीवाश्म
Inconnu	अनजान
Mystère	रहस्य
Objets	वस्तुओं
Os	हड्डयिों
Oublié	भुला दयिा
Relique	अवशेष
Temple	मंदरि
Tombe	मकबरे

Astronomie
खगोल वद्यिा

Astéroïde	क्षुद्रग्रह
Astronome	खगोल वज्ञिानी
Ciel	आकाश
Constellation	नक्षत्र
Cosmos	ब्रह्मांड
Éclipse	ग्रहण
Équinoxe	वषिुव
Fusée	रॉकेट
Galaxie	आकाशगंगा
Lune	चाँद
Météore	उल्का
Nébuleuse	नहिारकिा
Observatoire	वेधशाला
Planète	ग्रह
Radiation	वकिरिण
Satellite	उपग्रह
Solaire	सौर
Supernova	सुपरनोवा
Terre	पृथ्वी
Univers	संसार

Aventure
साहसकि कार्य

Activité	गतविधि
Amis	दोस्तों
Beauté	सुंदरता
Bravoure	वीरता
Chance	मौका
Dangereux	खतरनाक
Destination	गंतव्य
Défis	चुनौतयिों
Difficulté	कठनिाई
Enthousiasme	उत्साह
Excursion	भ्रमण
Inhabituel	असामान्य
Joie	हर्ष
Nature	प्रकृति
Navigation	पथ प्रदर्शन
Nouveau	नया
Opportunité	अवसर
Préparation	तैयारी
Sécurité	सुरक्षा
Voyages	यात्रा

Avions
हवाई जहाज

Air	वायु
Atmosphère	वायुमंडल
Atterrissage	अवतरण
Aventure	साहसकि
Ballon	गुब्बारा
Carburant	ईंधन
Ciel	आकाश
Construction	नर्िमाण
Descente	वंश
Design	डजिाइन
Direction	दशिा
Équipage	क्रू
Hauteur	ऊंचाई
Histoire	इतहिास
Hydrogène	हाइड्रोजन
Moteur	इंजन
Naviguer	नेवगिेट
Passager	यात्री
Pilote	पायलट
Turbulence	अशांति

Ballet
बैले

Applaudissement	वाहवाही
Artistique	कलात्मक
Ballerine	बैले
Chorégraphie	नृत्यकला
Compétence	कौशल
Compositeur	संगीतकार
Danseurs	नर्तकयिों
Expressif	सूचक
Geste	इशारा
Gracieux	सुंदर
Intensité	तीव्रता
Muscles	मांसपेशयिों
Musique	संगीत
Orchestre	ऑर्केस्ट्रा
Public	दर्शक
Répétition	रहिर्सल
Rythme	ताल
Solo	एकल
Style	शैली
Technique	तकनीक

Barbecues
बारबेक्यू

Chaud	गरम
Couteaux	चाकू
Déjeuner	दोपहर का भोजन
Dîner	रात का खाना
Enfants	बच्चे
Été	गर्मी
Faim	भूख
Famille	परविार
Fruit	फल
Gril	ग्रलि
Jeux	खेल
Légumes	सब्जयिां
Musique	संगीत
Oignons	प्याज
Poivre	मर्चि
Poulet	चकिन
Salades	सलाद
Sauce	चटनी
Sel	नमक
Tomates	टमाटर

Bateaux
नौकाएँ

Ancre	लंगर
Bouée	बोया
Canoë	डोंगी
Corde	रस्सी
Dock	गोदी
Équipage	क्रू
Fleuve	नदी
Kayak	कश्ती
Lac	झील
Marée	ज्वार
Marin	नावकि
Mât	मस्तूल
Mer	समुद्र
Moteur	इंजन
Nautique	समुद्री
Océan	सागर
Radeau	बेड़ा
Vagues	लहरें
Voilier	सेलबोट
Yacht	नौका

Bâtiments
इमारतें

Ambassade	दूतावास
Appartement	अपार्टमेंट
Cabine	केबनि
Château	कलिा
Cinéma	सनिमा
École	स्कूल
Garage	गैरेज
Grange	खलहिान
Hôpital	अस्पताल
Hôtel	होटल
Laboratoire	प्रयोगशाला
Musée	संग्रहालय
Observatoire	वेधशाला
Stade	स्टेडयिम
Supermarché	सुपरमार्केट
Tente	तंबू
Théâtre	थएिटर
Tour	मीनार
Université	वशि्ववद्यािलय
Usine	फैक्टरी

Beauté
ब्यूटी

Boucles	कर्ल
Charme	आकर्षण
Ciseaux	कैंची
Couleur	रंग
Élégance	लालत्यि
Élégant	सुरुचपिूर्ण
Grâce	कृपा
Huiles	तेल
Lisse	चकिना
Maquillage	मेकअप
Mascara	काजल
Miroir	दर्पण
Parfum	खुशबू
Peau	त्वचा
Photogénique	फोटोजेनकि
Produits	उत्पादों
Rouge à Lèvres	लपिस्टकि
Services	सेवा
Shampooing	शैम्पू
Styliste	स्टाइलसि्ट

Biologie
जीववज्ञिान

Anatomie	शरीर रचना
Bactéries	बैक्टीरयिा
Cellule	सेल
Chromosome	गुणसूत्र
Collagène	कोलेजन
Embryon	भ्रूण
Enzyme	एंजाइम
Évolution	वकिास
Hormone	हार्मोन
Mammifère	स्तनपायी
Mutation	उत्परविर्तन
Naturel	प्राकृतकि
Nerf	नस
Neurone	न्यूरॉन
Osmose	असमस
Protéine	प्रोटीन
Reptile	सरीसृप
Respiration	श्वसन
Symbiose	सम्बियोससि
Synapse	अन्तर्ग्रथन

Boxe
मुक्केबाज़ी

Adversaire	वरिोधी
Arbitre	रेफरी
Cloche	घंटी
Coin	कोने
Combattant	लड़ाकू
Compétence	कौशल
Concentrer	फोकस
Cordes	रस्सयिों
Corps	शरीर
Coude	कोहनी
Coup	लात
Épuisé	थक गया
Force	ताकत
Gants	दस्ताने
Menton	ठोड़ी
Poing	मुट्ठी
Points	अंक
Rapide	शीघ्र
Récupération	वसूली

Café
कॉफ़ी

Acide	अम्लीय
Amer	कड़वा
Arôme	सुगंध
Boisson	पेय
Caféine	कैफीन
Crème	मलाई
Eau	पानी
Filtre	छानना
Lait	दूध
Liquide	तरल
Matin	सुबह
Moudre	पीस
Noir	काला
Origine	मूल
Prix	कीमत
Rôti	भुना हुआ
Saveur	स्वाद
Sucre	चीनी
Tasse	कप
Variété	विविधिता

Camping
कैम्पिंग

Animaux	जानवरों
Aventure	साहसिक
Boussole	दिक्सूचक
Cabine	केबिन
Canoë	डोंगी
Carte	नक्शा
Chapeau	टोपी
Chasse	शिकार करना
Corde	रस्सी
Équipement	उपकरण
Feu	आग
Forêt	वन
Hamac	झूला
Insecte	कीट
Lac	झील
Lanterne	लालटेन
Lune	चाँद
Montagne	पहाड़
Nature	प्रकृति
Tente	तंबू

Chimie
रसायन विज्ञान

Acide	एसिड
Alcalin	क्षारीय
Atomique	परमाणु
Carbone	कार्बन
Catalyseur	उत्प्रेरक
Chaleur	गर्मी
Chlore	क्लोरीन
Enzyme	एंजाइम
Électron	इलेक्ट्रॉन
Gaz	गैस
Hydrogène	हाइड्रोजन
Ion	आयन
Liquide	तरल
Métaux	धातुओं
Molécule	अणु
Nucléaire	नाभिकीय
Oxygène	ऑक्सीजन
Poids	वजन
Sel	नमक
Température	तापमान

Chocolat
चॉकलेट

Amer	कड़वा
Antioxydant	एंटीऑक्सीडेंट
Arôme	सुगंध
Artisanal	कुटीर
Bonbon	कैंडी
Cacahuètes	मूंगफली
Cacao	कोको
Calories	कैलोरी
Délicieux	स्वादिष्ट
Doux	मिठाई
Exotique	विदेशी
Favori	प्रिय
Goût	स्वाद
Ingrédient	घटक
Noix de Coco	नारियल
Poudre	पाउडर
Qualité	गुणवत्ता
Recette	विधि
Sucre	चीनी

Compétences Professionnelles
नौकरी कौशल

Adaptable	अनुकूलनीय
Amical	अनुकूल
Attentif	चौकस
Authentique	विश्वसनीय
Charismatique	करिश्माई
Communication	संचार
Coopérative	सहकारी
Créatif	रचनात्मक
Dédié	समर्पित
Efficace	प्रभावी
Expérimenté	अनुभवी
Fiable	भरोसेमंद
Gestion	प्रबंधन
Indépendant	स्वतंत्र
Leadership	नेतृत्व
Organisé	संगठित
Préparé	तैयार
Respectueux	विनीत
Responsable	जिम्मेदार

Conduite
ड्राइविंग

Accident	दुर्घटना
Camion	ट्रक
Carburant	ईंधन
Carte	नक्शा
Danger	खतरा
Freins	ब्रेक
Garage	गैरेज
Gaz	गैस
Licence	लाइसेंस
Moteur	मोटर
Moto	मोटरसाइकिल
Piéton	पैदल यात्री
Police	पुलिस
Route	सड़क
Sécurité	सुरक्षा
Trafic	यातायात
Transport	परिवहन
Tunnel	सुरंग
Vitesse	गति
Voiture	कार

Corps Humain
मानव शरीर

Bouche	मुँह
Cerveau	दमिाग
Cheville	टखने
Cou	गर्दन
Coude	कोहनी
Cœur	दलि
Doigt	उंगली
Estomac	पेट
Épaule	कंधा
Genou	घुटना
Lèvres	होंठ
Main	हाथ
Mâchoire	जबड़ा
Menton	ठोड़ी
Nez	नाक
Oreille	कान
Peau	त्वचा
Sang	रक्त
Tête	सरि
Visage	चेहरा

Créativité
क्रएिटविटिी

Artistique	कलात्मक
Authenticité	प्रामाणकिता
Clarté	स्पष्टता
Compétence	कौशल
Dramatique	नाटकीय
Expression	अभवि्यक्ति
Émotions	भावनाएँ
Fluidité	तरलता
Idées	वचिारों
Image	छवि
Imagination	कल्पना
Impression	छाप
Inspiration	प्रेरणा
Intensité	तीव्रता
Intuition	सहज बोध
Inventif	आवष्किारशील
Sensation	सनसनी
Spontané	सहज
Visions	दर्शन
Vitalité	जीवन शक्ति

Danse
नृत्य

Académie	अकादमी
Art	कला
Chorégraphie	नृत्यकला
Classique	शास्त्रीय
Corps	शरीर
Culture	संस्कृति
Culturel	सांस्कृतकि
Expressif	सूचक
Émotion	भावना
Grâce	कृपा
Joyeux	हर्षति
Mouvement	गति
Musique	संगीत
Partenaire	साथी
Posture	आसन
Répétition	रहिर्सल
Rythme	ताल
Traditionnel	परंपरागत
Visuel	दृश्य

Diplomatie
कूटनीति

Ambassade	दूतावास
Ambassadeur	राजदूत
Citoyens	नागरकिों
Communauté	समुदाय
Conflit	संघर्ष
Conseiller	सलाहकार
Coopération	सहयोग
Diplomatique	राजनयकि
Discussion	चर्चा
Éthique	नीति
Étranger	वदिेश
Gouvernement	सरकार
Humanitaire	मानवीय
Intégrité	अखंडता
Justice	न्याय
Politique	राजनीति
Résolution	संकल्प
Sécurité	सुरक्षा
Solution	समाधान
Traité	संधि

Disciplines Scientifiques
वैज्ञानकि अनुशासन

Anatomie	शरीर रचना
Archéologie	पुरातत्व
Astronomie	खगोल वज्ञिान
Biochimie	जीव रसायन
Biologie	जीववज्ञिान
Chimie	रसायन वज्ञिान
Écologie	पारस्थितिकिी
Géologie	भूवज्ञिान
Immunologie	इम्यूनोलॉजी
Kinésiologie	काइन्सयिोलॉजी
Linguistique	भाषावज्ञिान
Mécanique	यांत्रकिी
Météorologie	मौसम वज्ञिान
Minéralogie	खनजि वद्यिा
Nutrition	पोषण
Physiologie	फजियिोलॉजी
Psychologie	मनोवज्ञिान
Robotique	रोबोटक्सि
Sociologie	समाज शास्त्र
Thermodynamique	ऊष्मप्रवैगकिी

Entreprise
व्यापार

Argent	पैसा
Boutique	दुकान
Budget	बजट
Bureau	कार्यालय
Carrière	कैरयिर
Coût	लागत
Devise	मुद्रा
Employeur	नयिोक्ता
Employé	कर्मचारी
Entreprise	कंपनी
Économie	अर्थशास्त्र
Finance	वति्त
Impôts	करों
Investissement	नविेश
Marchandise	माल
Profit	लाभ
Revenu	आय
Transaction	लेन-देन
Usine	फैक्टरी
Vente	बक्रिी

Échecs
शतरंज

Adversaire	वरिोधी
Blanc	सफेद
Champion	चैंपयिन
Concours	प्रतयिोगति
Défis	चुनौतयिों
Diagonal	वकिर्ण
Intelligent	चतुर
Jeu	खेल
Joueur	खलिाड़ी
Noir	काला
Passif	नषि्क्रयि
Points	अंक
Reine	रानी
Règles	नयिम
Roi	राजा
Sacrifice	बलदिान
Stratégie	रणनीत
Temps	समय
Tournoi	टूर्नामेंट

Électricité
बजिली

Aimant	चुंबक
Ampoule	बल्ब
Batterie	बैटरी
Câble	केबल
Électricien	बजिली कारीगर
Électrique	बजिली
Équipement	उपकरण
Fils	तारों
Générateur	जनक
Lampe	दीपक
Laser	लेजर
Négatif	नकारात्मक
Objets	वस्तुओं
Positif	सकारात्मक
Prise	सॉकेट
Quantité	मात्रा
Réseau	नेटवर्क
Stockage	भंडारण
Téléphone	टेलीफोन
Télévision	टेलीवजिन

Énergie
ऊर्जा

Batterie	बैटरी
Carbone	कार्बन
Carburant	ईंधन
Chaleur	गर्मी
Diesel	डीजल
Entropie	उत्क्रम-माप
Environnement	पर्यावरण
Essence	गैसोलीन
Électrique	बजिली
Électron	इलेक्ट्रॉन
Hydrogène	हाइड्रोजन
Industrie	उद्योग
Moteur	मोटर
Nucléaire	नाभकिीय
Photon	फोटोन
Pollution	प्रदूषण
Renouvelable	अक्षय
Soleil	सूर्य
Turbine	टरबाइन
Vent	हवा

Épices
मसाले

Aigre	खट्टा
Ail	लहसुन
Amer	कड़वा
Cannelle	दालचीनी
Cardamome	इलायची
Coriandre	धनयिा
Cumin	जीरा
Curcuma	हल्दी
Curry	करी
Fenouil	सौंफ
Fenugrec	मेथी
Gingembre	अदरक
Muscade	जायफल
Oignon	प्याज
Poivre	मरि्च
Réglisse	नद्यपान
Safran	केसर
Saveur	स्वाद
Sel	नमक
Vanille	वनीला

Éthique
आचार

Altruisme	परोपकारति
Compassion	दया
Coopération	सहयोग
Dignité	गौरव
Diplomatique	राजनयकि
Gentillesse	दयालुता
Honnêteté	ईमानदारी
Humanité	मानवता
Individualisme	व्यक्तविाद
Intégrité	अखंडता
Optimisme	आशावाद
Patience	धैर्य
Philosophie	दर्शन
Raisonnable	उचति
Rationalité	चेतना
Respectueux	वनीत
Réalisme	यथार्थवाद
Sagesse	बुद्धि
Tolérance	सहनशीलता
Valeurs	मान

Famille
परविार

Ancêtre	पूर्वज
Cousin	चचेरा भाई
Enfance	बचपन
Enfant	बच्चा
Enfants	बच्चे
Femme	बीवी
Fille	बेटी
Frère	भाई
Grand-Mère	दादी
Grand-Père	दादा
Mari	पत
Maternel	मातृ
Mère	मां
Neveu	भतीजा
Nièce	भतीजी
Oncle	चाचा
Paternel	पैतृक
Père	पति
Soeur	बहन
Tante	चाची

Ferme #1
फार्म #1

Abeille	मधुमक्खी
Agriculture	कृषि
Âne	गधा
Champ	खेत
Chat	बिल्ली
Cheval	घोड़ा
Chèvre	बकरी
Chien	कुत्ता
Clôture	बाड़
Cochon	सूअर
Corbeau	कौआ
Eau	पानी
Engrais	उर्वरक
Foin	घास
Miel	शहद
Poulet	चिकन
Riz	चावल
Troupeau	झुंड
Vache	गाय
Veau	बछड़ा

Ferme #2
फार्म #2

Agneau	मेमना
Agriculteur	किसान
Animaux	जानवरों
Berger	चरवाहा
Blé	गेहूँ
Canard	बतख
Fruit	फल
Grange	खलिहान
Irrigation	सिंचाई
Lait	दूध
Lama	लामा
Légume	सब्जी
Maïs	मकई
Mouton	भेड़
Mûr	पका हुआ
Nourriture	भोजन
Orge	जौ
Pré	घास का मैदान
Tracteur	ट्रैक्टर
Verger	फलोद्यान

Force et Gravité
बल और गुरुत्वाकर्षण

Axe	अक्ष
Centre	केंद्र
Découverte	खोज
Distance	दूरी
Dynamique	गतिशील
Expansion	विस्तार
Friction	घर्षण
Impact	प्रभाव
Magnétisme	चुंबकत्व
Mécanique	यांत्रिकी
Mouvement	गति
Orbite	कक्षा
Physique	भौतिक विज्ञान
Planètes	ग्रहों
Poids	वजन
Pression	दबाव
Propriétés	गुण
Temps	समय
Universel	सार्वभौमिक
Vitesse	गति

Forêt Tropicale
वर्षावन

Amphibiens	उभयचर
Botanique	वानस्पतिक
Climat	जलवायु
Communauté	समुदाय
Diversité	विविधिता
Espèce	प्रजातियां
Indigène	स्वदेशी
Insectes	कीड़े
Jungle	जंगल
Mammifères	स्तनधारी
Mousse	काई
Nature	प्रकृति
Nuage	बादल
Oiseaux	पक्षी
Précieux	मूल्यवान
Préservation	संरक्षण
Refuge	शरण
Respect	आदर
Restauration	बहाली
Survie	उत्तरजीविता

Fournitures d'Art
कला की आपूर्ति

Acrylique	एक्रिलिक
Aquarelles	जल रंग
Argile	मिट्टी
Brosses	ब्रश
Caméra	कैमरा
Chaise	कुर्सी
Chevalet	चित्रफलक
Colle	गोंद
Couleurs	रंग
Crayons	पेंसिल
Créativité	रचनात्मकता
Eau	पानी
Encre	स्याही
Gomme	रबड़
Huile	तेल
Idées	विचारों
Papier	कागज
Pastels	पेस्टल
Peinture	पेंट
Table	टेबल

Fruit
फ्रूट

Abricot	खुबानी
Ananas	अनन्नास
Avocat	एवोकाडो
Baie	बेरी
Banane	केला
Cerise	चेरी
Citron	नींबू
Figue	अंजीर
Framboise	रसभरी
Goyave	अमरूद
Kiwi	कीवी
Mangue	आम
Melon	तरबूज
Nectarine	शफ़तालू
Orange	नारंगी
Papaye	पपीता
Pêche	आड़ू
Poire	नाशपाती
Pomme	सेब
Raisin	अंगूर

Géographie
भूगोल

Altitude	ऊंचाई
Atlas	एटलस
Carte	नक्शा
Continent	महाद्वीप
Fleuve	नदी
Hémisphère	गोलार्ध
Île	द्वीप
Latitude	अक्षांश
Longitude	देशान्तर
Mer	समुद्र
Méridien	मध्याह्न
Monde	दुनिया
Montagne	पहाड़
Nord	उत्तर
Océan	सागर
Ouest	पश्चिम
Pays	देश
Sud	दक्षिण
Territoire	क्षेत्र
Ville	शहर

Géologie
भूविज्ञान

Acide	एसिड
Calcium	कैल्शियम
Caverne	गुफा
Continent	महाद्वीप
Corail	मूंगा
Couche	परत
Cristaux	क्रिस्टल
Cycles	चक्र
Érosion	कटाव
Fondu	पिघला हुआ
Fossile	जीवाश्म
Lave	लावा
Minéraux	खनिज
Pierre	पत्थर
Plateau	पठार
Quartz	क्वार्ट्ज
Sel	नमक
Stalactite	स्टैलेक्टाइट
Volcan	ज्वालामुखी
Zone	क्षेत्र

Géométrie
ज्यामिति

Angle	कोण
Calcul	गणना
Cercle	वृत्त
Courbe	वक्र
Diamètre	व्यास
Dimension	आयाम
Équation	समीकरण
Hauteur	ऊंचाई
Logique	तर्क
Masse	मास
Médian	माध्य
Nombre	संख्या
Parallèle	समानांतर
Proportion	अनुपात
Segment	खंड
Surface	सतह
Symétrie	समरूपता
Théorie	सिद्धांत
Triangle	त्रिकोण
Vertical	खड़ा

Gouvernement
सरकार

Citoyenneté	नागरकिता
Civil	सविलि
Constitution	संवधािन
Démocratie	लोकतंत्र
Discours	भाषण
Discussion	चर्चा
Droits	अधकिार
Égalité	समानता
État	राज्य
Indépendance	आजादी
Judiciaire	न्यायकि
Justice	न्याय
Liberté	स्वतंत्रता
Loi	कानून
Monument	स्मारक
Nation	राष्ट्र
National	राष्ट्रीय
Paisible	शांतपिूर्ण
Politique	राजनीति
Symbole	प्रतीक

Herboristerie
हर्बलजि्म

Ail	लहसुन
Aromatique	खुशबूदार
Basilic	तुलसी
Bénéfique	लाभकारी
Culinaire	पाक
Estragon	तारगोन
Fenouil	सौंफ
Fleur	फूल
Ingrédient	घटक
Jardin	बगीचा
Lavande	लैवेंडर
Marjolaine	कुठरा
Menthe	पुदीना
Persil	अजमोद
Qualité	गुणवत्ता
Romarin	दौनी
Safran	केसर
Saveur	स्वाद
Thym	अजवायन
Vert	हरा

Immigration
आप्रवासन

Administration	प्रशासन
Adultes	वयस्कों
Aide	सहायता
Approbation	अनुमोदन
Communication	संचार
Date Limite	समय सीमा
Documents	दस्तावेजों
Enfants	बच्चे
Frontières	सीमाओं
Langue	भाषा
Logement	आवास
Loi	कानून
Négociation	बातचीत
Officier	अफ़सर
Processus	प्रक्रयिा
Protection	संरक्षण
Situation	स्थति
Solution	समाधान
Stress	तनाव

Ingénierie
अभियांत्रिकी

Angle	कोण
Axe	अक्ष
Calcul	गणना
Construction	निर्माण
Diagramme	आरेख
Diamètre	व्यास
Diesel	डीजल
Distribution	वितिरण
Engrenages	गियिर्स
Énergie	ऊर्जा
Force	ताकत
Leviers	लीवर
Liquide	तरल
Machine	मशीन
Mesure	माप
Moteur	मोटर
Profondeur	गहराई
Propulsion	प्रणोदन
Stabilité	स्थिरिता
Structure	संरचना

Jardin
बगीचा

Arbre	पेड़
Banc	बेंच
Buisson	बुश
Clôture	बाड़
Étang	तालाब
Fleur	फूल
Garage	गैरेज
Hamac	झूला
Herbe	घास
Jardin	बगीचा
Mauvaises Herbes	मातम
Pelle	फावड़ा
Pelouse	लॉन
Porche	बरामदा
Râteau	रेक
Terrasse	छत
Trampoline	ट्रेम्पोलिनि
Tuyau	नली
Verger	फलोद्यान
Vigne	बेल

Jardinage
बागवानी

Botanique	वानस्पतिकि
Bouquet	गुलदस्ता
Climat	जलवायु
Comestible	खाद्य
Compost	खाद
Eau	पानी
Espèce	प्रजातियां
Exotique	विदिशी
Feuillage	पत्ते
Feuille	पत्ता
Fleur	खलिना
Floral	पुष्प
Graines	बीज
Humidité	नमी
Récipient	कंटेनर
Saisonnier	मौसमी
Saleté	गंदगी
Tuyau	नली
Verger	फलोद्यान

Jazz
जैज़

Accent	ज़ोर
Album	एल्बम
Applaudissement	वाहवाही
Artiste	कलाकार
Célèbre	प्रसिद्धि
Chanson	गीत
Compositeur	संगीतकार
Composition	रचना
Favoris	पसंदीदा
Improvisation	कामचलाऊ
Musique	संगीत
Nouveau	नया
Orchestre	ऑर्केस्ट्रा
Rythme	ताल
Solo	एकल
Style	शैली
Talent	प्रतिभा
Tambours	ड्रम
Technique	तकनीक
Vieux	पुराना

Jours et Mois
दिनि और महीने

Août	अगस्त
Avril	अप्रैल
Calendrier	कैलेंडर
Dimanche	रविवार
Février	फरवरी
Janvier	जनवरी
Jeudi	गुरूवार
Juillet	जुलाई
Juin	जून
Lundi	सोमवार
Mardi	मंगलवार
Mars	मार्च
Mercredi	बुधवार
Mois	महीना
Novembre	नवंबर
Octobre	अक्टूबर
Samedi	शनविार
Semaine	सप्ताह
Septembre	सतिंबर
Vendredi	शुक्रवार

L'Entreprise
द कम्पनी

Affaires	व्यापार
Créatif	रचनात्मक
Décision	निर्णिय
Emploi	रोजगार
Global	वैश्वकि
Industrie	उद्योग
Innovant	अभनिव
Investissement	निवेश
Possibilité	संभावना
Présentation	प्रस्तुति
Produit	उत्पाद
Professionnel	पेशेवर
Progrès	प्रगति
Qualité	गुणवत्ता
Ressources	संसाधन
Revenu	राजस्व
Réputation	प्रतिष्ठा
Risques	जोखमि
Tendances	रुझान
Unités	इकाइयों

Les Abeilles
मधुमक्खियों

Ailes	पंख
Bénéfique	लाभकारी
Cire	मोम
Diversité	ववििधिता
Essaim	झुंड
Fleur	खलिना
Fleurs	फूल
Fruit	फल
Fumée	धुआँ
Insecte	कीट
Jardin	बगीचा
Miel	शहद
Nourriture	भोजन
Plantes	पौधे
Pollen	पराग
Pollinisateur	परागणक
Reine	रानी
Ruche	छत्ता
Soleil	सूर्य

Les Médias
द मीडिया

Attitudes	दृष्टकिोण
Commercial	वाणज्यिकि
Communication	संचार
En Ligne	ऑनलाइन
Édition	संस्करण
Éducation	शक्षिा
Faits	तथ्य
Individuel	व्यक्ति
Industrie	उद्योग
Intellectuel	बौद्धकि
Journaux	समाचार पत्र
Local	स्थानीय
Magazines	पत्रिकाओं
Numérique	डजिटिल
Opinion	राय
Photos	तस्वीरें
Public	सार्वजनकि
Radio	रेडियो
Réseau	नेटवर्क
Télévision	टेलीवजिन

Légumes
सब्जियां

Ail	लहसुन
Algue	समुद्री शैवाल
Artichaut	हाथी चक
Aubergine	बैंगन
Brocoli	ब्रोकोली
Carotte	गाजर
Céleri	अजवाइन
Champignon	मशरूम
Citrouille	कद्दू
Concombre	खीरा
Épinard	पालक
Gingembre	अदरक
Navet	शलजम
Oignon	प्याज
Olive	जैतून
Persil	अजमोद
Pois	मटर
Radis	मूली
Salade	सलाद
Tomate	टमाटर

Littérature
साहत्यि

Analogie	समानता
Analyse	वश्लिेषण
Anecdote	कस्सिा
Auteur	लेखक
Biographie	जीवनी
Comparaison	तुलना
Conclusion	नष्किर्ष
Description	वविरण
Dialogue	संवाद
Fiction	कथा
Métaphore	रूपक
Narrateur	कथावाचक
Poème	कवतिा
Poétique	काव्यात्मक
Rime	तुक
Roman	उपन्यास
Rythme	ताल
Style	शैली
Thème	वषिय
Tragédie	त्रासदी

Livres
पुस्तकें

Auteur	लेखक
Aventure	साहसकि
Collection	संग्रह
Contexte	संदर्भ
Dualité	द्वंद्व
Écrit	लखिति
Épique	महाकाव्य
Histoire	कहानी
Historique	ऐतहिासकि
Humoristique	वनिोदी
Inventif	आवष्किारशील
Lecteur	पाठक
Littéraire	साहत्यिकि
Narrateur	कथावाचक
Page	पृष्ठ
Pertinent	प्रासंगकि
Poème	कवतिा
Roman	उपन्यास
Série	शृंखला
Tragique	दुखद

Maison
हाउस

Balai	झाड़ू
Bibliothèque	पुस्तकालय
Chambre	कक्ष
Cheminée	चमिनी
Clés	कुंजी
Clôture	बाड़
Cuisine	रसोई
Douche	बौछार
Fenêtre	खड़िकी
Garage	गैरेज
Grenier	अटारी
Jardin	बगीचा
Lampe	दीपक
Miroir	दर्पण
Mur	दीवार
Porte	दरवाजा
Rideaux	पर्दे
Sous-Sol	तहखाना
Tapis	गलीचा
Toit	छत

Maladie
रोग

Abdominal	पेट
Aigu	तीव्र
Allergies	एलर्जी
Bien-Être	कल्याण
Chronique	पुरानी
Contagieux	संक्रामक
Corps	शरीर
Cœur	दलि
Faible	कमजोर
Génétique	आनुवंशकि
Héréditaire	वंशानुगत
Inflammation	सूजन
Lombaire	काठ का
Neuropathie	न्युरोपटी
Os	हड्डयिाँ
Respiratoire	श्वसन
Santé	स्वास्थ्य
Sinus	साइनस
Syndrome	सड्रिोम
Thérapie	चकित्सिा

Mammifères
स्तनधारी

Baleine	व्हेल
Chat	बल्लिी
Cheval	घोड़ा
Chien	कुत्ता
Coyote	कोयोट
Dauphin	डॉल्फनि
Éléphant	हाथी
Girafe	जरिाफ़
Gorille	गोरल्लिा
Kangourou	कंगारू
Lapin	खरगोश
Lion	शेर
Loup	भेड़यिा
Mouton	भेड़
Ours	भालू
Renard	लोमड़ी
Singe	बंदर
Taureau	बुल
Tigre	बाघ
Zèbre	ज़ेबरा

Mathématiques
गणति

Angles	कोण
Arithmétique	अंकगणति
Carré	वर्ग
Circonférence	परधिि
Décimal	दशमलव
Diamètre	व्यास
Division	वभिाजन
Exposant	प्रतपिादक
Équation	समीकरण
Fraction	अंश
Géométrie	ज्यामतिि
Parallèle	समानांतर
Perpendiculaire	सीधा
Polygone	बहुभुज
Rayon	त्रज्यिा
Rectangle	आयत
Somme	योग
Symétrie	समरूपता
Triangle	त्रकिोण
Volume	आयतन

Mesures
मापन

Centimètre	सेंटीमीटर
Degré	डग्रिी
Décimal	दशमलव
Gramme	ग्राम
Hauteur	ऊंचाई
Kilogramme	कलिोग्राम
Kilomètre	कलिोमीटर
Largeur	चौड़ाई
Litre	लीटर
Longueur	लंबाई
Masse	मास
Mètre	मीटर
Minute	मनिट
Octet	बाइट
Once	औंस
Poids	वजन
Pouce	इंच
Profondeur	गहराई
Tonne	टन
Volume	आयतन

Méditation
ध्यान

Acceptation	स्वीकृतति
Attention	ध्यान
Calme	शांत
Clarté	स्पष्टता
Compassion	दया
Émotions	भावनाएँ
Éveillé	जाग
Gentillesse	दयालुता
Gratitude	कृतज्ञता
Habitudes	आदतें
Mental	मानसकि
Mouvement	गतति
Musique	संगीत
Nature	प्रकृतति
Observation	अवलोकन
Paix	शांतति
Perspective	परप्रिेक्ष्य
Posture	आसन
Respiration	श्वास
Silence	मौन

Météo
मौसम

Arc-En-Ciel	इंद्रधनुष
Atmosphère	वायुमंडल
Brouillard	कोहरा
Calme	शांत
Ciel	आकाश
Climat	जलवायु
Glace	बर्फ
Humide	नम
Inondation	बाढ़
Mousson	मानसून
Nuage	बादल
Ouragan	तूफान
Polaire	ध्रुवीय
Sec	सूखा
Température	तापमान
Tempête	आंधी
Tonnerre	गरज
Tornade	बवंडर
Tropical	उष्णकटबिंधीय
Vent	हवा

Mode
पहनावा

Abordable	सस्ती
Boutique	बुटीक
Boutons	बटन
Broderie	कढ़ाई
Cher	महंगा
Confortable	आरामदायक
Dentelle	फीता
Élégant	सुरुचपिूर्ण
Mesures	माप
Minimaliste	न्यूनतम
Moderne	आधुनकि
Modeste	मामूली
Modèle	पैटर्न
Original	मूल
Pratique	व्यावहारकि
Simple	सरल
Style	शैली
Tendance	ट्रेंड
Texture	बनावट
Tissu	कपड़े

Musique
संगीत

Album	एल्बम
Ballade	गाथागीत
Chanter	गाना
Chanteur	गायक
Classique	शास्त्रीय
Enregistrement	रकिॉर्डगि
Harmonie	सद्भाव
Harmonique	सुसंगत
Instrument	साधन
Lyrique	गीतात्मक
Mélodie	राग
Microphone	माइक्रोफोन
Musical	संगीत
Musicien	संगीतकार
Opéra	ओपेरा
Poétique	काव्यात्मक
Rythme	ताल
Rythmique	तालबद्ध
Tempo	गतरि
Vocal	स्वर

Mythologie
पौराणकि कथाएं

Archétype	मूलरूप आदर्श
Catastrophe	आपदा
Comportement	व्यवहार
Création	सृजन
Créature	जंतु
Croyances	वश्विासों
Culture	संस्कृत
Éclair	बजिली
Force	ताकत
Guerrier	योद्धा
Héros	नायक
Immortalité	अमरता
Jalousie	ईर्ष्या
Labyrinthe	भूलभुलैया
Légende	दंतकथा
Magique	जादुई
Monstre	राक्षस
Mortel	नश्वर
Tonnerre	गरज
Vengeance	बदला

Nature
प्रकृत

Abeilles	मधुमक्खयिँ
Abri	आश्रय
Animaux	जानवरों
Arctique	आर्कटकि
Beauté	सुंदरता
Brouillard	कोहरा
Désert	रेगस्तिान
Dynamique	गतशिील
Érosion	कटाव
Feuillage	पत्ते
Fleuve	नदी
Forêt	वन
Glacier	ग्लेशयिर
Nuage	बादल
Paisible	शांतपूिर्ण
Sanctuaire	अभयारण्य
Sauvage	जंगली
Serein	नर्मिल
Tropical	उष्णकटबिंधीय
Vital	महत्वपूर्ण

Nombres
संख्याएँ

Cinq	पांच
Deux	दो
Décimal	दशमलव
Dix	दस
Dix-Huit	अठारह
Dix-Neuf	उन्नीस
Dix-Sept	सत्रह
Douze	बारह
Huit	आठ
Neuf	नौ
Quatorze	चौदह
Quatre	चार
Quinze	पंद्रह
Seize	सोलह
Sept	सात
Six	छह
Treize	तेरह
Trois	तीन
Vingt	बीस
Zéro	शून्य

Nourriture #1
खाना #1

Ail	लहसुन
Basilic	तुलसी
Café	कॉफ़ी
Cannelle	दालचीनी
Carotte	गाजर
Citron	नींबू
Épinard	पालक
Fraise	स्ट्रॉबेरी
Jus	रस
Lait	दूध
Navet	शलजम
Oignon	प्याज
Orge	जौ
Poire	नाशपाती
Salade	सलाद
Sel	नमक
Soupe	सूप
Sucre	चीनी
Thon	टूना
Viande	मांस

Nourriture #2
खाना #2

Amande	बादाम
Aubergine	बैंगन
Banane	केला
Blé	गेहूँ
Brocoli	ब्रोकोली
Cerise	चेरी
Céleri	अजवाइन
Champignon	मशरूम
Chocolat	चॉकलेट
Jambon	हैम
Kiwi	कीवी
Mangue	आम
Oeuf	अंडा
Pain	रोटी
Poisson	मछली
Pomme	सेब
Poulet	चकिन
Raisin	अंगूर
Riz	चावल
Tomate	टमाटर

Nutrition
पोषाहार

Amer	कड़वा
Appétit	भूख
Calories	कैलोरी
Comestible	खाद्य
Diète	आहार
Digestion	पाचन
Épices	मसाले
Équilibré	संतुलति
Fermentation	कण्विन
Ingrédients	सामग्री
Liquides	तरल पदार्थ
Poids	वजन
Protéines	प्रोटीन
Qualité	गुणवत्ता
Sain	स्वस्थ
Santé	स्वास्थ्य
Sauce	चटनी
Saveur	स्वाद
Toxine	वषि
Vitamine	वटिामनि

Océan
सागर

Algue	शैवाल
Baleine	व्हेल
Bateau	नाव
Corail	मूंगा
Crabe	केकड़ा
Crevette	झींगा
Dauphin	डॉल्फनि
Éponge	स्पंज
Huître	सीप
Marées	ज्वार
Méduse	जेलफ़िशि
Poisson	मछली
Poulpe	ऑक्टोपस
Requin	शार्क
Récif	चट्टान
Sel	नमक
Tempête	आंधी
Thon	टूना
Tortue	कछुआ
Vagues	लहरें

Oiseaux
पक्षयिों

Aigle	ईगल
Autruche	शुतुरमुर्ग
Canard	बतख
Cigogne	सारस
Corbeau	कौआ
Coucou	कोयल
Cygne	हंस
Flamant	राजहंस
Héron	बगुला
Manchot	पेंगुइन
Moineau	गौरैया
Mouette	मूर्ख मनुष्य
Oeuf	अंडा
Paon	मोर
Perroquet	तोता
Pélican	हवासील
Pigeon	कबूतर
Poule	मुर्गी
Poulet	चकिन
Toucan	टूकेन

Pays #1
देशों #1

Afghanistan	अफगानस्तिान
Allemagne	जर्मनी
Argentine	अर्जेंटीना
Brésil	ब्राज़ील
Canada	कनाडा
Espagne	स्पेन
Équateur	इक्वेडोर
Finlande	फनिलैंड
Inde	भारत
Israël	इजराइल
Libye	लीबयिा
Mali	माली
Maroc	मोरक्को
Nicaragua	नकिारागुआ
Norvège	नॉर्वे
Panama	पनामा
Philippines	फलिपिींस
Pologne	पोलैंड
Roumanie	रोमानयिा
Venezuela	वेनेजुएला

Pays #2
देशों #2

Albanie	अल्बानयिा
Chine	चीन
Danemark	डेनमार्क
France	फ्रांस
Haïti	हैती
Indonésie	इंडोनेशयिा
Irlande	आयरलैंड
Jamaïque	जमैका
Japon	जापान
Kenya	केन्या
Laos	लाओस
Liban	लेबनान
Mexique	मेक्सकिो
Ouganda	युगांडा
Pakistan	पाकस्तिान
Russie	रूस
Somalie	सोमालयिा
Soudan	सूडान
Syrie	सीरयिा
Ukraine	यूक्रेन

Paysages
लैंडस्केप

Cascade	झरना
Colline	पहाड़ी
Désert	रेगिस्तान
Estuaire	मुहाना
Fleuve	नदी
Glacier	ग्लेशियर
Grotte	गुफा
Iceberg	हिमखंड
Île	द्वीप
Lac	झील
Marais	दलदल
Mer	समुद्र
Montagne	पहाड़
Oasis	मरूद्यान
Océan	सागर
Péninsule	प्रायद्वीप
Plage	समुद्र तट
Toundra	टुंड्रा
Vallée	घाटी
Volcan	ज्वालामुखी

Physique
भौतिक विज्ञान

Accélération	त्वरण
Atome	परमाणु
Chaos	अराजकता
Chimique	रासायनिक
Densité	घनत्व
Électron	इलेक्ट्रॉन
Formule	सूत्र
Fréquence	आवृत्ति
Gaz	गैस
Gravité	गुरुत्वाकर्षण
Magnétisme	चुंबकत्व
Masse	मास
Mécanique	यांत्रिकी
Molécule	अणु
Moteur	इंजन
Nucléaire	नाभिकीय
Particule	कण
Relativité	सापेक्षता
Universel	सार्वभौमिक
Vitesse	गति

Plantes
पौधे

Arbre	पेड़
Baie	बेरी
Bambou	बांस
Buisson	बुश
Cactus	कैक्टस
Engrais	उर्वरक
Feuillage	पत्ते
Feuille	पत्ता
Fleur	फूल
Forêt	वन
Grandir	बढ़ना
Haricot	सेम
Herbe	घास
Jardin	बगीचा
Lierre	आइवी
Mousse	काई
Pétale	पत्ती
Racine	जड़
Tige	तना
Végétation	वनस्पति

Professions #1
व्यवसाय #1

Ambassadeur	राजदूत
Astronome	खगोल विज्ञानी
Avocat	वकील
Banquier	बैंकर
Bijoutier	जौहरी
Cartographe	मानचित्रकार
Chasseur	शिकारी
Danseur	नर्तकी
Entraîneur	कोच
Éditeur	संपादक
Géologue	भूविज्ञानी
Infirmière	नर्स
Médecin	चिकित्सक
Musicien	संगीतकार
Pianiste	पियानोवादक
Plombier	नलसाज़
Pompier	फायर फाइटर
Psychologue	मनोवैज्ञानिक
Scientifique	वैज्ञानिक
Vétérinaire	पशु चिकित्सक

Professions #2
व्यवसाय #2

Bibliothécaire	लाइब्रेरियन
Biologiste	जीवविज्ञानी
Chercheur	शोधकर्ता
Chirurgien	सर्जन
Dentiste	दंत चिकित्सक
Détective	जासूस
Enquêteur	अन्वेषक
Enseignant	शिक्षक
Illustrateur	इलस्ट्रेटर
Ingénieur	इंजीनियर
Inventeur	आविष्कारक
Jardinier	माली
Journaliste	पत्रकार
Linguiste	बहुभाषी
Médecin	चिकित्सक
Peintre	चित्रकार
Philosophe	दार्शनिक
Photographe	फोटोग्राफर
Pilote	पायलट
Zoologiste	जूलॉजिस्ट

Psychologie
मनोविज्ञान

Clinique	नैदानिक
Comportement	व्यवहार
Conflit	संघर्ष
Ego	अहंकार
Enfance	बचपन
Expériences	अनुभव
Émotions	भावनाएँ
Évaluation	मूल्यांकन
Idées	विचारों
Inconscient	बेहोश
Influences	प्रभाव
Pensées	विचार
Perception	अनुभूति
Personnalité	व्यक्तित्व
Problème	संकट
Rendez-Vous	नियुक्ति
Réalité	वास्तविकता
Rêves	सपने
Sensation	सनसनी
Thérapie	चिकित्सा

Randonnée
लंबी पैदल यात्रा

Animaux	जानवरों
Bottes	जूते
Camping	डेरा डालना
Carte	नक्शा
Climat	जलवायु
Eau	पानी
Falaise	चट्टान
Fatigué	थक गया
Guides	गाइड
Lourd	भारी
Météo	मौसम
Montagne	पहाड़
Nature	प्रकृति
Orientation	अभिविन्यास
Parcs	पार्क
Pierres	पत्थर
Préparation	तैयारी
Sauvage	जंगली
Soleil	सूर्य
Sommet	शिखिर सम्मेलन

Restaurant #2
रेस्टोरेंट #2

Boisson	पेय
Chaise	कुर्सी
Cuillère	चम्मच
Déjeuner	दोपहर का भोजन
Délicieux	स्वादिष्ट
Dîner	रात का खाना
Eau	पानी
Épices	मसाले
Fourchette	कांटा
Fruit	फल
Gâteau	केक
Glace	बर्फ
Légumes	सब्जियां
Nouilles	नूडल्स
Oeuf	अंडे
Poisson	मछली
Salade	सलाद
Sel	नमक
Serveur	वेटर
Soupe	सूप

Réchauffement Climatique
ग्लोबल वॉर्मिंग

Arctique	आर्कटिक
Attention	ध्यान
Changements	परिवर्तन
Climat	जलवायु
Crise	संकट
Développement	विकास
Données	डेटा
Environnemental	पर्यावरण
Énergie	ऊर्जा
Futur	भविष्य
Gaz	गैस
Générations	पीढ़ियों
Gouvernement	सरकार
Habitats	निवास
Industrie	उद्योग
Législation	विधान
Maintenant	अब
Populations	आबादी
Scientifique	वैज्ञानिक
Températures	तापमान

Santé et Bien-Être #1
स्वास्थ्य और कल्याण #1

Actif	सक्रिय
Bactéries	बैक्टीरिया
Blessure	चोट
Clinique	क्लिनिक
Faim	भूख
Fracture	भंग
Habitude	आदत
Hauteur	ऊंचाई
Hormone	हार्मोन
Médecin	चिकित्सक
Médicament	दवा
Muscles	मांसपेशियों
Os	हड्डियों
Peau	त्वचा
Pharmacie	फार्मेसी
Posture	आसन
Réflexe	पलटा
Thérapie	चिकित्सा
Traitement	उपचार
Virus	वाइरस

Santé et Bien-Être #2
स्वास्थ्य और कल्याण #2

Allergie	एलर्जी
Anatomie	शरीर रचना
Appétit	भूख
Calorie	कैलोरी
Corps	शरीर
Déshydratation	निर्जलीकरण
Énergie	ऊर्जा
Génétique	आनुवंशिकी
Hôpital	अस्पताल
Hygiène	स्वच्छता
Infection	संक्रमण
Maladie	रोग
Massage	मालिश
Nutrition	पोषण
Poids	वजन
Récupération	वसूली
Sain	स्वस्थ
Sang	रक्त
Stress	तनाव
Vitamine	विटामिन

Science
विज्ञान

Atome	परमाणु
Chimique	रासायनिक
Climat	जलवायु
Données	डेटा
Expérience	प्रयोग
Évolution	विकास
Fait	तथ्य
Fossile	जीवाश्म
Gravité	गुरुत्वाकर्षण
Hypothèse	परिकल्पना
Laboratoire	प्रयोगशाला
Méthode	तरीका
Minéraux	खनिज
Molécules	अणुओं
Nature	प्रकृति
Observation	अवलोकन
Organisme	जीव
Particules	कण
Physique	भौतिक विज्ञान
Scientifique	वैज्ञानिक

Science-Fiction
कल्पति वज्ञिान

Atomique	परमाणु
Cinéma	सनिमा
Explosion	वस्फिोट
Extrême	चरम
Fantastique	शानदार
Feu	आग
Futuriste	फ्यूचरस्टिकि
Galaxie	आकाशगंगा
Illusion	भ्रम
Imaginaire	काल्पनकि
Livres	पुस्तकें
Monde	दुनयाि
Mystérieux	रहस्यमय
Oracle	आकाशवाणी
Planète	ग्रह
Réaliste	यथार्थवादी
Robots	रोबोट
Scénario	परदृिश्य
Technologie	प्रौद्योगकिी
Utopie	आदर्शलोक

Sport
खेल

Athlète	खलािड़ी
Capacité	क्षमता
Cardiovasculaire	हृदय
Corps	शरीर
Cyclisme	साइकलि चलाना
Danse	नृत्य
Diète	आहार
Endurance	सहन
Entraîneur	कोच
Force	ताकत
Jogging	टहलना
Maximiser	अधकितम
Métabolique	चयापचय
Muscles	मांसपेशयिों
Nutrition	पोषण
Objectif	लक्ष्य
Os	हड्डयिों
Programme	कार्यक्रम
Santé	स्वास्थ्य
Sports	खेल

Technologie
प्रौद्योगकिी

Affichage	प्रदर्शन
Blog	ब्लॉग
Caméra	कैमरा
Curseur	कर्सर
Données	डेटा
Écran	स्क्रीन
Fichier	फ़ाइल
Internet	इंटरनेट
Logiciel	सॉफ्टवेयर
Message	संदेश
Navigateur	ब्राउज़र
Numérique	डजिटिल
Octets	बाइट्स
Ordinateur	संगणक
Police	फ़ॉन्ट
Recherche	अनुसंधान
Sécurité	सुरक्षा
Statistiques	सांख्यकिी
Virtuel	आभासी
Virus	वाइरस

Temps
टाइम

Année	वर्ष
Annuel	वार्षकि
Après	के बाद
Avant	इससे पहले
Bientôt	जल्द ही
Calendrier	कैलेंडर
Décennie	दशक
Futur	भवषि्य
Heure	घंटा
Hier	कल
Horloge	घड़ी
Jour	दनि
Maintenant	अब
Matin	सुबह
Midi	दोपहर
Minute	मनिट
Mois	महीना
Nuit	रात
Semaine	सप्ताह
Siècle	सदी

Types de Cheveux
बालों के प्रकार

Argent	चाँदी
Blanc	सफेद
Blond	गोरा
Boucles	कर्ल
Brillant	चमकदार
Chauve	गंजा
Coloré	रंगीन
Court	कम
Doux	नरम
Épais	मोटा
Frisé	घुंघराले
Gris	धूसर
Long	लंबा
Marron	भूरा
Mince	पतला
Noir	काला
Ondulé	लहराती
Sain	स्वस्थ
Sec	सूखा
Tressé	लट

Univers
यूनविर्स

Astéroïde	क्षुद्रग्रह
Astronome	खगोल वज्ञिानी
Astronomie	खगोल वज्ञिान
Atmosphère	वायुमंडल
Ciel	आकाश
Cosmique	लौककि
Équateur	भूमध्य रेखा
Galaxie	आकाशगंगा
Hémisphère	गोलार्ध
Horizon	क्षतिजि
Latitude	अक्षांश
Longitude	देशान्तर
Lune	चाँद
Obscurité	अंधेरा
Orbite	कक्षा
Solaire	सौर
Solstice	संक्रांति
Télescope	दूरबीन
Visible	दृश्यमान
Zodiaque	राशि

Vacances #2
अवकाश #2

Aéroport	हवाई अड्डा
Camping	डेरा डालना
Carte	नक्शा
Destination	गंतव्य
Étranger	विदेशी
Hôtel	होटल
Île	द्वीप
Loisir	अवकाश
Mer	समुद्र
Passeport	पासपोर्ट
Plage	समुद्र तट
Restaurant	भोजनालय
Réservations	आरक्षण
Taxi	टैक्सी
Tente	तंबू
Train	ट्रेन
Transport	परिवहन
Vacances	छुट्टी
Visa	वीजा
Voyage	यात्रा

Véhicules
वाहन

Ambulance	रोगी वाहन
Avion	विमान
Bateau	नाव
Bus	बस
Camion	ट्रक
Caravane	कारवां
Ferry	नौका
Fusée	रॉकेट
Hélicoptère	हेलीकॉप्टर
Métro	भूमिगत मार्ग
Moteur	मोटर
Navette	शटल
Pneus	टायर
Radeau	बेड़ा
Scooter	स्कूटर
Sous-Marin	पनडुब्बी
Taxi	टैक्सी
Tracteur	ट्रैक्टर
Vélo	साइकिल
Voiture	कार

Vêtements
कपडे

Bracelet	कंगन
Ceinture	बेल्ट
Chapeau	टोपी
Chaussure	जूता
Chemise	कमीज
Chemisier	ब्लाउज
Collier	हार
Foulard	दुपट्टा
Gants	दस्ताने
Jeans	जीन्स
Jupe	स्कर्ट
Manteau	कोट
Mode	फैशन
Pantalon	पैंट
Pull	स्वेटर
Pyjama	पाजामा
Robe	पोशाक
Sandales	सैंडल
Tablier	एप्रन
Veste	जैकेट

Ville
नगर

Aéroport	हवाई अड्डा
Banque	बैंक
Bibliothèque	पुस्तकालय
Boulangerie	बेकरी
Cinéma	सिनेमा
Clinique	क्लिनिक
École	स्कूल
Fleuriste	फूलवाला
Galerie	गैलरी
Hôtel	होटल
Marché	बाजार
Musée	संग्रहालय
Pharmacie	फार्मेसी
Restaurant	भोजनालय
Salon	सैलून
Stade	स्टेडियम
Supermarché	सुपरमार्केट
Théâtre	थिएटर
Université	विश्वविद्यालय
Zoo	चिड़ियाघर

Félicitations

Vous avez réussi !

Nous espérons que vous avez apprécié ce livre autant que nous avons pris plaisir à le concevoir. Nous faisons de notre mieux pour créer des livres de la meilleure qualité possible.
Cette édition est conçue pour permettre un apprentissage intelligent et de qualité en se divertissant !

Vous avez aimé ce livre ?

Une Simple Demande

Nos livres existent grâce aux avis que vous publiez. Pourriez-vous nous aider en laissant un avis maintenant ?

Voici un lien rapide qui vous mènera à votre page d'évaluation de vos commandes :

BestBooksActivity.com/Avis50

CHALLENGE FINAL !

Défi n°1

Êtes-vous prêt pour votre jeu bonus ? Nous les utilisons tout le temps mais ils ne sont pas si faciles à trouver. Voici les Synonymes !

Notez 5 mots que vous avez trouvés dans les puzzles notés ci-dessous (n°21, n°36, n°76) et essayez de trouver 2 synonymes pour chaque mot.

Notez 5 Mots du ***Puzzle 21***

Mots	Synonyme 1	Synonyme 2

Notez 5 Mots du ***Puzzle 36***

Mots	Synonyme 1	Synonyme 2

Notez 5 Mots du ***Puzzle 76***

Mots	Synonyme 1	Synonyme 2

Défi n°2

Maintenant que vous vous êtes échauffé, notez 5 mots que vous avez découverts dans les Puzzles n° 9, n° 17, n° 25 et essayez de trouver 2 antonymes pour chaque mot. Combien pouvez-vous en trouver en 20 minutes ?

Notez 5 Mots du ***Puzzle 9***

Mots	Antonyme 1	Antonyme 2

Notez 5 Mots du ***Puzzle 17***

Mots	Antonyme 1	Antonyme 2

Notez 5 Mots du ***Puzzle 25***

Mots	Antonyme 1	Antonyme 2

Défi n°3

Formidable ! Ce défi final  n'est rien pour vous.

Prêt pour le dernier défi ? Choisissez 10 mots que vous avez découverts parmi les différents puzzles et notez-les ci-dessous.

1.	6.
2.	7.
3.	8.
4.	9.
5.	10.

Maintenant, composez un texte en pensant à une personne, un animal ou un lieu que vous aimez !

Astuce: Vous pouvez utiliser la dernière page de ce livre comme brouillon !

Votre Composition :

CARNET DE NOTES :

À TRÈS BIENTÔT !

Toute l'équipe

www.ingramcontent.com/pod-product-compliance
Lightning Source LLC
Chambersburg PA
CBHW082200120626
46553CB00010B/2957
9798896705284